MW01062851

Greek phrasebook

Evy Markopoulou

Lalita Markopoulou

McGraw·Hill

New York   Chicago   San Francisco   Lisbon   London   Madrid   Mexico City
Milan   New Delhi   San Juan   Seoul   Singapore   Sydney   Toronto

The **McGraw·Hill** Companies

ISBN 0-07-148248-2

Editor & Project Manager
Anna Stevenson

Publishing Manager
Patrick White

Prepress
Isla MacLean

CONTENTS

INTRODUCTION

This brand new English-Greek phrasebook from Harrap is ideal for anyone wishing to try out their foreign language skills while travelling abroad. The information is practical and clearly presented, helping you to overcome the language barrier and mix with the locals.

Each section features a list of useful words and a selection of common phrases: some of these you will read or hear, while others will help you to express yourself. The simple phonetic transcription system, specifically designed for English speakers, ensures that you will always make yourself understood.

The book also includes a mini bilingual dictionary of around 4,500 words, so that more adventurous users can build on the basic structures and engage in more complex conversations.

Concise information on local culture and customs is provided, along with practical tips to save you time. After all, you're on holiday – time to relax and enjoy yourself! There is also a food and drink glossary to help you make sense of menus, and ensure that you don't miss out on any of the national or regional specialities.

Remember that any effort you make will be appreciated. So don't be shy – have a go!

ABBREVIATIONS USED IN THIS BOOK

acc	accusative	*m*		masculine
adj	adjective	*n*		neuter
adv	adverb	*nom*		nominative
dat	dative	*pl*		plural
f	feminine	*prep*		preposition
gen	genitive	*sg*		singular
instr	instrumental	*v*		verb
loc	locative	*voc*		vocative

PRONUNCIATION

After you have mastered the alphabet, reading Greek is relatively straightforward. By following the transcription system explained below you will be able to make yourself understood. Like English, some syllables are stressed and these appear in **bold** in the transcription.

Note that instead of a question mark, Greek uses a semicolon (;).

The Greek alphabet has 24 letters, pronounced as follows:

letter		**pronunciation**	**transliteration**
Α α	*alpha*	a as in dr**a**ma	*a*
Β β	*vita*	v	*v*
Γ γ	*ghama*	soft **g**	*gh*[1]
		y as in **y**es	*y*[2]
		hard g as in **g**ame	*g*[3]
Δ δ	*thelta*	th as in **th**is	*th*
Ε ε	*epsilon*	e as in **e**gg	*e*
Ζ ζ	*zita*	z	*z*
Η η	*ita*	i as in ol**i**ve	*i*[4]
Θ θ	*THita*	th as in **th**eme	*TH*
Ι ι	*yiota*	i as in ol**i**ve	*i*[4]
Κ κ	*kappa*	k	*k*
Λ λ	*lamtha*	l	*l*
Μ μ	*mi*	m	*m*
Ν ν	*ni*	n	*n*
Ξ ξ	*ksi*	x	*x*
Ο ο	*omicron*	o as in c**o**d	*o*[5]
Π π	*pi*	p	*p*
Ρ ρ	*ro*	r	*r*
Σ σ/ς [6]	*sigma*	z	*z*[7]
		s	*s*[8]
Τ τ	*taf*	t	*t*
Υ υ	*ipsilon*	i as in ol**i**ve	*i*[4]
Φ φ	*fi*	f	*f*
Χ χ	*hi*	h	*h*
Ψ ψ	*psi*	ps as in la**pse**	*ps*
Ω ω	*omegha*	o as in c**o**d	*o*[5]

5

[1] This sound does not exist in English. It is similar to a sound midway between the **g** in **g**o and the **ch** in the Scottish pronunciation of lo**ch**. Spanish speakers should note that the sound is similar to the g in ami**g**o.

[2] Before a vowel

[3] Before γ and κ

[4] Ηη, Ιι, Υυ are always pronounced like the i in ol**i**ve, never like the word **eye** (see also combinations of letters below).

[5] This letter should never be pronounced like the o in sm**o**ke.

[6] σ becomes ς at the end of a word

[7] Pronounced z before μπ, ντ, ζ, μ, ν, ρ, β

[8] Pronounced s everywhere else

Combinations of letters

	Pronunciation	Example	Translation
αι	e as in **e**gg	παίζω *pezo*	I play
ει	i as in ol**i**ve	είμαι *ime*	I am
οι	i as in ol**i**ve	οίκος *ikos*	home
υι	i as in ol**i**ve	υιός *ios*	son
αυ	av	αύριο *avrio*	tomorrow
	af	αυτί *afti*	ear
ευ	ev	Ευρώπη *evropi*	Europe
	ef	ευτυχία *eftihia*	happiness
ου	oo	ουρανός *ooranos*	sky
γκ	g as in **g**ame	γκάφα *gafa*	blunder
γγ	ng as in fi**ng**er	φεγγάρι *fengari*	moon
μπ	b	μπαμπάς *babas*	daddy
ντ	d	ντύνω *dino*	to dress
τσ	ts	τσάι *tsai*	tea
τζ	tz	τζάκι *tzaki*	fireplace

EVERYDAY CONVERSATION

Greeks only tend to shake hands in a work environment or when being introduced for the first time. Women often kiss their friends on both cheeks, and it's not unusual for men to hug or kiss close male friends.

There are two ways to say "you" in Greek, a formal one (**εσείς** *esis*) and an informal one (**εσύ** *esi*); however, the usage rules are quite relaxed and you may well find complete strangers, including people like taxi drivers, address you informally.

The basics

bye	γειά *ya*
excuse me	συγνώμη *sighnomi*
good afternoon	καλό απόγευμα *kalo apoyevma*
goodbye	γειά *ya*, αντίο *adio*
good evening	καλησπέρα *kalispera*
good morning	καλημέρα *kalimera*
goodnight	καληνύχτα *kalinihta*
hello	γειά *ya*
hi	γειά *ya*
no	όχι *ohi*
OK	εντάξει *edaxi*, OK *OK*
pardon	συγνώμη *sighnomi*
please	παρακαλώ *parakalo*
thanks, thank you	ευχαριστώ *efharisto*, σ'ευχαριστώ s ΄*efharisto*
yes	ναι *ne*

Expressing yourself

I'd like ...
θα ήθελα ...
THa iTHela ...

we'd like ...
θα θέλαμε ...
THa THelame ...

7

do you want …?
θέλεις …;
THelis …?

do you have …?
έχετε …;
ehete …?

is there a …?
υπάρχει ένα …;
iparhi ena …?

are there any …?
υπάρχουν καθόλου …;
iparhoon kaTHoloo …?

how …?
πώς …;
pos …?

why …?
γιατί …;
yati …?

when …?
πότε …;
pote …?

what …?
τι …;
ti …?

where is …?
πού είναι …;
poo ine …?

where are …?
πού είναι …;
poo ine …?

how much is it?
πόσο κάνει αυτό …;
poso kani afto …?

what is it?
τι είναι αυτό;
ti ine afto?

do you speak English?
μιλάτε Αγγλικά;
milate anglika?

where are the toilets, please?
πού είναι οι τουαλέτες, παρακαλώ;
poo ine i tooaletes, parakalo?

how are you?
πώς είσαι;
pos ise?

fine, thanks
καλά, ευχαριστώ
kala, efharisto

thanks very much
ευχαριστώ πολύ
efharisto poli

no, thanks
όχι, ευχαριστώ
ohi, efharisto

yes, please
ναι, παρακαλώ
ne, parakalo

you're welcome
παρακαλώ
parakalo

see you later
θα σε δω αργότερα
THa se tho arghotera

I'm sorry
λυπάμαι
lipame

Understanding

προσοχή	attention
μην …	do not …
είσοδος	entrance
έξοδος	exit
ελεύθερο	free
δεν επιτρέπεται η στάθμευση	no parking
δεν επιτρέπεται το κάπνισμα	no smoking
ανοιχτά	open
εκτός λειτουργίας	out of order
ρεζερβέ	reserved
τουαλέτες	toilets

υπάρχει/υπάρχουν …
iparhi/iparhoon …
there's/there are …

θα σας πείραζε αν …;
THa sas piraze an …?
do you mind if …?

παρακαλώ καθίστε
parakalo kaTHiste
please take a seat

καλώς ήρθατε
kalos irTHate
welcome

μια στιγμή, παρακαλώ
mia stighmi, parakalo
one moment, please

PROBLEMS UNDERSTANDING GREEK

Expressing yourself

pardon?
παρακαλώ;
parakalo?

what?
τι;
ti?

could you repeat that, please?
μπορείτε να το επαναλάβετε αυτό, παρακαλώ;
borite na to epanalavete afto, parakalo?

could you speak more slowly?
μπορείτε να μιλάτε πιο αργά;
borite na milate pio argha?

I don't understand
δεν καταλαβαίνω
then katalaveno

I understand a little Greek
καταλαβαίνω λίγο ελληνικά
katalaveno ligho elinika

I can understand Greek but I can't speak it
καταλαβαίνω ελληνικά αλλά δεν μπορώ να μιλήσω
katalaveno elinika ala then boro na miliso

I hardly speak any Greek
δεν μιλάω σχεδόν καθόλου ελληνικά
then milao shethon kaTHoloo elinika

do you speak English?
μιλάτε αγγλικά;
milate anglika?

how do you say ... in Greek?
πώς λέτε ... στα ελληνικά;
pos lete ... sta elinika?

how do you spell it?
πώς το συλλαβίζετε αυτό;
pos to silavizete afto?

what's that called in Greek?
πώς το λέτε αυτό στα ελληνικά;
pos to lete afto sta elinika?

could you write it down for me?
μπορείτε να μου το γράψετε;
borite na moo to ghrapsete?

Understanding

καταλαβαίνετε ελληνικά;
katalavenete elinika?
do you understand Greek?

θα σας το γράψω
THa sas to ghrapso
I'll write it down for you

σημαίνει ...
simeni ...
it means ...

είναι ένα είδος ...
ine ena ithos ...
it's a kind of ...

SPEAKING ABOUT THE LANGUAGE

Expressing yourself

I learned a few words from my phrasebook
έμαθα μερικές λέξεις από το ταξιδιωτικό μου λεξικό
emaTHa merikes lexis apo to taxithiotiko moo lexiko

I did it at school but I've forgotten everything
έκανα στο σχολείο αλλά τα έχω ξεχάσει όλα
ekana sto sholio ala ta eho xehasi ola

I can just about get by
μπορώ μετά βίας να συνεννοηθώ
boro meta vias na sinenoiTHo

I hardly know two words!
μετά βίας ξέρω δύο λέξεις!
meta vias xero thio lexis!

I find Greek a difficult language
βρίσκω τα ελληνικά μια δύσκολη γλώσσα
vrisko ta elinika mia thiskoli ghlosa

I know the basics but no more than that
ξέρω τα βασικά αλλά τίποτα παραπάνω
xero ta vasika ala tipota parapano

people speak too quickly for me
οι άνθρωποι μιλάνε πολύ γρήγορα για μένα
i anTHropi milane poli ghrighora ya mena

Understanding

έχετε καλή προφορά
ehete kali profora
you have a good accent

μιλάτε πολύ καλά ελληνικά
milate poli kala elinika
you speak very good Greek

ASKING THE WAY

Expressing yourself

excuse me, can you tell me where the … is, please?
συγνώμη, μπορείτε να μου πείτε που είναι το …, παρακαλώ;
sighnomi, borite na moo pite poo ine to …, parakalo?

which way is it to …?
ποιός είναι ο δρόμος για …;
pios ine o thromos ya …?

can you tell me how to get to …?
μπορείτε να μου πείτε πως να πάω στο …;
borite na moo pite pos na pao sto …?

is there a … near here?
υπάρχει ένα … εδώ κοντά;
iparhi ena … etho koda?

could you show me on the map?
μπορείτε να μου το δείξετε (πάνω) στο χάρτη;
borite na moo to thixete (pano) sto harti?

is there a map of the town somewhere?
υπάρχει κάπου ένας χάρτης της πόλης;
iparhi kapoo enas hartis tis polis?

is it far?
είναι μακριά;
ine makria?

I'm looking for …
ψάχνω για …
psahno ya …

I'm lost
έχω χαθεί
eho haTHi

Understanding

ακολούθησε	follow
πήγαινε κάτω	go down
πήγαινε πάνω	go up
συνέχισε να πηγαίνεις	keep going

αριστερά	left
δεξιά	right
ίσια	straight ahead
στρίψε	turn

είσαι με τα πόδια;
ise me ta pothia?
are you on foot?

είναι πέντε λεπτά μακριά με το αυτοκίνητο
ine pede lepta makria me to aftokinito
it's five minutes away by car

είναι το πρώτο/δεύτερο/τρίτο αριστερά
ine to proto/theftero/trito aristera
it's the first/second/third on the left

στρίψε δεξιά στον κόμβο
stripse thexia ston komvo
turn right at the roundabout

στρίψε αριστερά στην τράπεζα
stripse aristera stin trapeza
turn left at the bank

πάρε την επόμενη έξοδο
pare tin epomeni exotho
take the next exit

δεν είναι μακριά
then ine makria
it's not far

είναι πολύ κοντά
ine poli koda
it's just round the corner

GETTING TO KNOW PEOPLE

The basics

bad	άσχημος *ashimos*, κακός *kakos*
beautiful	όμορφος *omorfos*
boring	βαρετός *varetos*
cheap	φτηνός *ftinos*
expensive	ακριβός *akrivos*
good	καλός *kalos*
great	απίθανος *apiTHanos*
interesting	ενδιαφέρον *enthiaferon*
nice	ωραίος *oreos*
not bad	καθόλου άσχημος *kaTHoloo ashimos*
well	καλά *kala*
to hate	μισώ *miso*
to like	αρέσω *areso*
to love	αγαπώ *aghapo*

INTRODUCING YOURSELF AND FINDING OUT ABOUT OTHER PEOPLE

Expressing yourself

my name's ...
τ'όνομά μου είναι ...
tonoma moo ine ...

what's your name?
ποιό είναι τ'όνομά σου;
pio ine tonoma soo?

how do you do?
τι κάνεις;
ti kanis?

pleased to meet you!
χάρηκα για τη γνωριμία!
harika ya ti ghnorimia!

this is my husband
αυτός είναι ο άνδρας μου
aftos ine o anthras moo

this is my partner, Karen
αυτή είναι η σύντροφός μου,
  η Κάρεν
afti ine i sidrofos moo, i karen

I'm English
είμαι Άγγλος *(m)*/Αγγλίδα *(f)*
ime anglos/anglitha

we're Welsh
είμαστε Ουαλοί
imaste ooali

I'm from …
είμαι από …
ime apo …

where are you from?
από πού είστε;
apo poo iste?

how old are you?
πόσο χρονών είσαι;
poso hronon ise?

I'm 22
είμαι είκοσι δύο χρονών
ime ikosi thio hronon

what do you do for a living?
τι δουλειά κάνεις;
ti thoolia kanis?

are you a student?
είσαι φοιτητής *(m)*/φοιτήτρια *(f)*;
ise fititis/fititria?

I work
δουλεύω
thoolevo

I'm studying law
σπουδάζω νομικά
spoothazo nomika

I'm a teacher
είμαι δάσκαλος
ime thaskalos

I stay at home with the children
μένω στο σπίτι με τα παιδιά
meno sto spiti me ta pethia

I work part-time
κάνω δουλειά μερικής απασχόλησης
kano thoolia merikis apasholisis

I work in marketing
δουλεύω στο μάρκετινγκ
thoolevo sto marketing

I'm retired
είμαι συνταξιούχος
ime sindaxioohos

I'm self-employed
είμαι ελεύθερος επαγγελματίας
ime elefTHeros epagelmatias

I have two children
έχω δύο παιδιά
eho thio pethia

we don't have any children
δεν έχουμε παιδιά
then ehoome pethia

two boys and a girl
δύο αγόρια κι ένα κορίτσι
thio aghoria ki ena koritsi

a boy of five and a girl of two
ένα αγόρι πέντε χρονών κι ένα κορίτσι δύο χρονών
ena aghori pede hronon ki ena koritsi thio hronon

have you ever been to Britain?
έχετε πάει ποτέ στην Αγγλία;
ehete pai pote stin anglia?

είσαι Άγγλος;
ise anglos?
are you English?

γνωρίζω την Αγγλία αρκετά καλά
ghnorizo tin anglia arketa kala
I know England quite well

είμαστε κι εμείς εδώ σε διακοπές
imaste kiemis etho se thiakopes
we're on holiday here too

θα ήθελα να πάω στη Σκωτία μία μέρα
THa iTHela na pao sti skotia mia mera
I'd love to go to Scotland one day

TALKING ABOUT YOUR STAY

Expressing yourself

I'm here on business
είμαι εδώ για δουλειές
ime etho ya thoolies

we're on holiday
είμαστε σε διακοπές
imaste se thiakopes

I arrived three days ago
έφτασα πριν τρεις μέρες
eftasa prin tris meres

we've been here for a week
είμαστε εδώ μια εβδομάδα
imaste etho mia evthomatha

I'm only here for a long weekend
είμαι εδώ μόνο για ένα Σαββατοκύριακο
ime etho mono ya ena savatokiriako

we're just passing through
απλώς περνάμε από εδώ
aplos pername apo etho

this is our first time in Greece
αυτή είναι η πρώτη μας φορά στην Ελλάδα
afti ine i proti mas fora stin elatha

GETTING TO
KNOW PEOPLE

we're here to celebrate our wedding anniversary
είμαστε εδώ για να γιορτάσουμε την επέτειο του γάμου μας
imaste etho ya na ghiortasoome tin epetio too ghamoo mas

we're on our honeymoon
είμαστε στο μήνα του μέλιτος
imaste sto mina too melitos

we're here with friends
είμαστε εδώ με φίλους
imaste etho me filoos

we're touring around
κάνουμε περιοδεία
kanoome periothia

we managed to get a cheap flight
καταφέραμε να βρούμε μία φτηνή πτήση
kataferame na vroome mia ftini ptisi

we're thinking about buying a house here
σκεφτόμαστε ν'αγοράσουμε ένα σπίτι εδώ
skeftomaste naghorasoome ena spiti etho

Understanding

καλή διαμονή!
kali thiamoni!
enjoy your stay!

απολαύστε το υπόλοιπο των διακοπών σας!
apolafste to ipolipo ton thiakopon sas!
enjoy the rest of your holiday!

είναι αυτή η πρώτη σας φορά στην Ελλάδα;
ine afti i proti sas fora stin elatha?
is this your first time in Greece?

πόσο καιρό θα μείνετε;
poso kero THa minete?
how long are you staying?

σας αρέσει εδώ;
sas aresi etho?
do you like it here?

έχετε πάει στο …;
ehete pai sto …?
have you been to …?

STAYING IN TOUCH

Expressing yourself

we should stay in touch
να κρατήσουμε επαφή
na kratisoome epafi

I'll give you my e-mail address
θα σου δώσω το ιμέιλ μου
THa soo thoso to imeil moo

here's my address, if ever you come to Britain
πάρε τη διεύθυνσή μου, αν έρθεις ποτέ στην Αγγλία
pare ti thiefTHinsi moo, an erTHis pote stin anglia

Understanding

θα μου δώσεις τη διεύθυνσή σου;
THa moo thosis tin thiefTHinsi soo?
will you give me your address?

έχεις ιμέιλ;
ehis imeil?
do you have an e-mail address?

είσαι πάντα ευπρόσδεκτος να έρθεις και να μείνεις μαζί μας εδώ
ise pada efprosthektos na erTHis ke na minis mazi mas etho
you're always welcome to come and stay with us here

EXPRESSING YOUR OPINION

Some informal expressions

περάσαμε φανταστικά! Ξεφαντώσαμε! *perasame fadastika! xefadosame!* we had a great time!
ήταν πολύ βαρετά *itan poli vareta* it was really boring
έχω πολύ κέφι! *eho poli kefi!* I'm in a great mood!

Expressing yourself

I really like ...
μου αρέσει πραγματικά ...
moo aresi praghmatika ...

I really liked ...
μου άρεσε πραγματικά ...
moo arese praghmatika ...

GETTING TO KNOW PEOPLE

I don't like …
δεν μου αρέσει …
then moo aresi …

I didn't like …
δεν μου άρεσε …
then moo arese …

I love …
αγαπώ …
aghapo …

I loved …
αγαπούσα …
aghapoosa …

I would like …
θα ήθελα …
THa iTHela …

I would have liked …
θα μου άρεσε …
THa moo arese …

I find it …
το βρίσκω …
to vrisko …

I found it …
το βρήκα …
to vrika …

it's lovely
είναι αξιαγάπητο
ine axiaghapito

it was lovely
ήταν αξιαγάπητο
itan axiaghapito

I agree
συμφωνώ
simfono

I don't agree
δεν συμφωνώ
then simfono

I don't know
δεν ξέρω
then xero

I don't mind
δεν με πειράζει
then me pirazi

I don't like the sound of it
δεν μου αρέσει όπως ακούγεται
then moo aresi opos akooyete

it sounds interesting
φαίνεται ενδιαφέρον
fenete enthiaferon

it really annoys me
μ'ενοχλεί πραγματικά
menohli praghmatika

it was boring
ήταν βαρετό
itan vareto

it's a rip-off
είναι πανάκριβα
ine panakriva

it gets very busy at night
έχει πολύ κόσμο το βράδυ
ehi poli kozmo to vrathi

it's too busy
έχει πολύ κόσμο
ehi poli kozmo

it's very quiet
είναι πολύ ήσυχα
ine poli isiha

I really enjoyed myself
διασκέδασα πραγματικά
thiaskethasa praghmatika

we had a great time
περάσαμε πολύ ωραία
perasame poli orea

there was a really good atmosphere
υπήρχε πραγματικά πολύ ωραία ατμόσφαιρα
ipirhe praghmatika poli orea atmosfera

we met some nice people
γνωρίσαμε μερικούς ωραίους ανθρώπους
ghnorisame merikoos oreoos anTHropoos

we found a great hotel
βρήκαμε ένα καταπληκτικό ξενοδοχείο
vrikame ena katapliktiko xenothohio

Understanding

σας αρέσει ...;
sas aresi ...?
do you like ...?

διασκεδάσατε;
thiaskethasate?
did you enjoy yourselves?

πρέπει να πάτε ...
prepi na pate ...
you should go to ...

προτείνω ...
protino ...
I recommend ...

είναι μία θαυμάσια περιοχή
ine mia THavmasia periohi
it's a lovely area

δεν υπάρχουν πολλοί τουρίστες
then iparhoon poli tooristes
there aren't too many tourists

μην πάτε το Σαββατοκύριακο, έχει πολύ κόσμο
min pate to savatokiriako, ehi poli kozmo
don't go at the weekend, it's too busy

είναι κάπως υπερτιμημένο
ine kapos ipertimimeno
it's a bit overrated

TALKING ABOUT THE WEATHER

Some informal expressions

σκάσαμε σήμερα *skasame simera* it was really hot today
έβρεξε καρεκλοπόδαρα *evrexe kareklopothara* it rained cats and dogs
κάνει ψοφόκρυο έξω *kani psofokrio exo* it's freezing outside

GETTING TO
KNOW PEOPLE

Expressing yourself

have you seen the weather forecast for tomorrow?
είδες το δελτίο καιρού για αύριο;
ithes to theltio keroo ya avrio?

it's going to be nice
θα κάνει καλό καιρό
THa kani kalo kero

it isn't going to be nice
δεν πρόκειται να κάνει καλό καιρό
then prokite na kani kalo kero

it's really hot
κάνει πολύ ζέστη
kani poli zesti

it gets cold at night
πιάνει κρύο τη νύχτα
piani krio ti nihta

the weather was beautiful
ο καιρός ήταν ωραίος
o keros itan oreos

it rained a few times
έβρεξε μερικές φορές
evrexe merikes fores

there was a thunderstorm
πέσαμε σε καταιγίδα
pesame se kateghitha

it's been lovely all week
είχε θαυμάσιο καιρό όλη την εβδομάδα
ihe THavmasio kero oli tin evthomatha

it's very humid here
έχει πολύ υγρασία εδώ
ehi poli ighrasia etho

we've been lucky with the weather
είμασταν τυχεροί με τον καιρό
imastan tiheri me ton kero

Understanding

μπορεί να βρέξει
bori na vrexi
it's supposed to rain

είναι καλή η πρόβλεψη του καιρού για την υπόλοιπη εβδομάδα
ine kali i provlepsi too keroo ya tin ipolipi evthomatha
they've forecast good weather for the rest of the week

θα κάνει πάλι ζέστη αύριο
THa kani pali zesti avrio
it will be hot again tomorrow

TRAVELLING

The basics

airport	αεροδρόμιο *aerothromio*
boarding	επιβίβαση *epivivasi*
boarding card	κάρτα επιβίβασης *karta epivivasis*
boat	πλοίο *plio*
bus	λεωφορείο *leoforio*
bus station	σταθμός λεωφορείων *staTHmos leoforion*
bus stop	στάση λεωφορείων *stasi leoforion*
car	αυτοκίνητο *aftokinito*
check-in	έλεγχος εισιτηρίων *elenhos isitirion*, τσεκ ιν *tsekin*
coach	πούλμαν *poolman*
ferry	φέρρυ *feri*
flight	πτήση *ptisi*
gate	θύρα *THira*
left-luggage (office)	φύλαξη αποσκευών *filaxi aposkevon*
luggage	αποσκευές *aposkeves*
map	χάρτης *hartis*
motorway	αυτοκινητόδρομος *aftokinitothromos*
passport	διαβατήριο *thiavatirio*
plane	αεροπλάνο *aeroplano*
platform	πλατφόρμα *platforma*
railway station	σιδηροδρομικός σταθμός *sithirothromikos staTHmos*
return (ticket)	εισιτήριο επιστροφής *isitirio epistrofis*
road	δρόμος *thromos*
shuttle bus	λεωφορειάκι *leoforiaki*
single (ticket)	απλό εισιτήριο *aplo isitirio*
street	οδός *othos*
streetmap	οδικός χάρτης *othikos hartis*
taxi	ταξί *taxi*
terminal	αεροσταθμός *aerostaTHmos*
ticket	εισιτήριο *isitirio*
timetable	δρομολόγια *thromologhia*
town centre	κέντρο πόλης *kedro polis*
train	τρένο *treno*

tram	τραμ *tram*
underground	μετρό *metro*
underground station	σταθμός μετρό *staTHmos metro*
to book	κάνω κράτηση *kano kratisi*
to hire	ενοικιάζω *enikiazo*

Expressing yourself

where can I buy tickets?
πού μπορώ να αγοράσω εισιτήρια;
poo boro na aghoraso isitiria?

a ticket to ..., please
ένα εισιτήριο για ...,παρακαλώ
ena isitirio ya ..., parakalo

I'd like to book a ticket
θα ήθελα να κάνω κράτηση για ένα εισιτήριο
THa iTHela na kano kratisi ya ena isitirio

how much is a ticket to ...?
πόσο κοστίζει ένα εισιτήριο για ...;
poso kostizi ena isitirio ya ...?

are there any concessions for students?
υπάρχει έκπτωση για φοιτητές;
iparhi ekptosi ya fitites?

could I have a timetable, please?
θα μπορούσα να έχω ένα φυλλάδιο με τα δρομολόγια, παρακαλώ;
THa boroosa na eho ena filathio me ta thromologhia, parakalo?

is there an earlier/later one?
υπάρχει κάποιο νωρίτερα/αργότερα;
iparhi kapio noritera/arghotera?

how long does the journey take?
πόση ώρα διαρκεί το ταξίδι;
posi ora thiarki to taxithi?

is this seat free?
είναι αυτή η θέση ελεύθερη;
ine afti i THesi elefTHeri?

I'm sorry, there's someone sitting there
λυπάμαι, κάποιος κάθεται εδώ
lipame, kapios kaTHete etho

Understanding

Making sense of abbreviations
ΚΤΕΛ Coach Station
ΟΑ Olympic Airways
ΟΑΣΑ Athens urban transport network
ΟΑΣΘ Thessaloniki (Salonica) urban transport network
ΟΣΕ Rail company
ΟΛΠ Pireus port authorities

αφίξεις	arrivals
ακυρώθηκε	cancelled
ματαιώθηκε	cancelled
ανταποκρίσεις	connections
καθυστέρηση	delay
αναχωρήσεις	departures
είσοδος	entrance
έξοδος	exit
ανδρών	gents' toilets
πληροφορίες	information
γυναικών	ladies' toilets
απαγορεύεται η είσοδος	no entry
εισιτήρια	tickets
τουαλέτες	toilets

όλα είναι γεμάτα
ola ine yemata
everything is fully booked

BY PLANE

There are plenty of domestic flights, mainly to Thessaloniki (Salonica) and the main tourist islands (Crete, Rhodes, Santorini etc). Prices vary according to the destination (generally around 100 euros).

Expressing yourself

where's the British Airways check-in?
πού είναι ο έλεγχος εισιτηρίων της British Airways;
poo ine o elenhos isitirion tis british airways?

I've got an e-ticket
έχω ένα ηλεκτρονικό εισιτήριο
eho ena ilektroniko isitirio

one suitcase and one piece of hand luggage
μια βαλίτσα και μια χειραποσκευή
mia valitsa ke mia hiraposkevi

what time do we board?
τι ώρα επιβιβαζόμαστε;
ti ora epivivazomaste?

I'd like to confirm my return flight
θα ήθελα να επιβεβαιώσω την πτήση επιστροφής μου
THa iTHela na epiveveoso tin ptisi epistrofis moo

one of my suitcases is missing
λείπει μια βαλίτσα μου
lipi mia valitsa moo

my luggage hasn't arrived
οι αποσκευές μου δεν έχουν φτάσει
i aposkeves moo then exoon ftasi

the plane was two hours late
το αεροπλάνο είχε δυο ώρες καθυστέρηση
to aeroplano ihe thio ores kaTHisterisi

I've missed my connection
έχασα την ανταπόκρισή μου
ehasa tin adapokrisi moo

I've left something on the plane
άφησα κάτι μέσα στο αεροπλάνο
afisa kati mesa sto aeroplano

I would like to report the loss of my luggage
θα ήθελα να δηλώσω την απώλεια των αποσκευών μου
THa iTHela na thiloso tin apolia ton aposkevon moo

Understanding

παραλαβή αποσκευών	baggage reclaim
έλεγχος εισιτηρίων/ τσεκ ιν	check-in
τελωνείο	customs
αίθουσα επιβίβασης	departure lounge
εσωτερικές πτήσεις	domestic flights
αφορολόγητα είδη	duty free
εμπορεύματα προς δήλωση	goods to declare
άμεση επιβίβαση	immediate boarding
τίποτα προς δήλωση	nothing to declare
έλεγχος διαβατηρίων	passport control

παρακαλώ περιμένετε στην αίθουσα επιβίβασης
parakalo perimenete stin eTHoosa epivivasis
please wait in the departure lounge

θα θέλατε μια θέση στο παράθυρο ή στο διάδρομο;
THa THelate mia THesi sto paraTHiro i sto thiathromo?
would you like a window seat or an aisle seat?

θα πρέπει να αλλάξετε στο ...   **πόσες τσάντες έχετε;**
THa prepi na alaxete sto ...   *poses tsades ehete?*
you'll have to change in ...   how many bags do you have?

ετοιμάσατε μόνοι σας όλες τις αποσκευές σας;
etimasate moni sas oles tis aposkeves sas?
did you pack all your bags yourself?

TRAVELLING

σας έδωσε κανείς τίποτε να πάρετε στο αεροπλάνο;
sas ethose kanis tipote na parete sto aeroplano?
has anyone given you anything to take onboard?

οι αποσκευές σας είναι πέντε κιλά υπέρβαρες
i aposkeves sas ine pede kila ipervares
your luggage is five kilos overweight

ορίστε η κάρτα επιβίβασής σας
oriste i karta epivivasis sas
here's your boarding card

η επιβίβαση θα αρχίσει σε …
i epivivasi THa arhisi se …
boarding will begin at …

παρακαλώ πηγαίνετε στη θύρα …
parakalo piyenete sti THira …
please proceed to gate number …

αυτή είναι η τελευταία κλήση για …
afti ine i teleftea klisi ya …
this is a final call for …

μπορείτε να καλέσετε αυτό το νούμερο για να μάθετε αν οι αποσκευές σας έχουν φτάσει
borite na kalesete afto to noomero ya na maTHete an i aposkeves sas ehoon ftasi
you can call this number to check if your luggage has arrived

BY TRAIN, COACH, BUS, UNDERGROUND, TRAM

The Athens underground has three lines and covers a big part of the city and all the main tourist attractions. Each metro station has its own distinctive style and two which should not be missed are Syntagma and Acropolis, where one can admire Ancient Greek artefacts, unearthed during the metro's construction. A ticket for any length of journey costs 70 cents.

Athens also has new tram lines, inaugurated during the Olympic Games of 2004, one connecting Syntagma with Paleo Faliro and the other connecting Syntagma with Glyfada. Again tickets are only 70 cents and this is a fabulous way to travel from the centre of the town to the Athens coastline.

Bus tickets cost 45 cents; note that these are not available on the bus but should be purchased in advance from kiosks and bus depots.

For longer trips within the Greek mainland, you can use either train or coach. The train service can vary from very good to mediocre. The best lines are the Intercity trains that connect Athens to Thessaloniki and Athens to Patras.

There are two main coach stations in Athens: **ΚΤΕΛ Πελοποννήσου** (Stathmos Peloponnissou), connecting Athens with Peloponissos and **ΚΤΕΛ Λαρίσσης** (Stathmos Larissis), connecting Athens with the rest of mainland Greece. For information about timetables and prices, you can call the station direct (see under Useful Numbers).

Expressing yourself

can I have a map of the underground, please?
μπορώ να έχω ένα χάρτη του μετρό, παρακαλώ;
boro na eho ena harti too metro, parakalo?

what time is the next train to …?
τι ώρα είναι το επόμενο τρένο για …;
ti ora ine to epomeno treno ya …?

what time is the last train?
τι ώρα είναι το τελευταίο τρένο;
ti ora ine to telefteo treno?

which platform is it for …?
ποια πλατφόρμα είναι για …;
pia platforma ine ya …?

where can I catch a bus to …?
από πού μπορώ να πάρω ένα λεωφορείο για …;
apo poo boro na paro ena leoforio ya …?

which line do I take to get to ...?
ποια γραμμή πρέπει να πάρω για να πάω στο ...;
pia ghrami prepi na paro ya na pao sto ...?

is this the stop for ...?
αυτή είναι η στάση για ...;
afti ine i stasi ya ...?

is this where the coach leaves for ...?
από εδώ φεύγει το πούλμαν για ...;
apo etho fevghi to poolman ya ...?

can you tell me when I need to get off?
μπορείτε να μου πείτε που πρέπει να κατέβω;
borite na moo pite poo prepi na katevo?

I've missed my train/bus
έχασα το τρένο μου/το λεωφορείο μου
ehasa to treno moo/to leoforio moo

Understanding

προς τα τρένα	to the trains
εκδοτήριο εισιτηρίων	ticket office
εισιτήρια για όσους ταξιδεύουν σήμερα	tickets for travel today
εβδομαδιαίο	weekly
κρατήσεις	bookings
για μια μέρα	for the day
μηνιαίο	monthly

υπάρχει μια στάση λίγο πιο πάνω στα δεξιά
iparhi mia stasi ligho pio pano sta thexia
there's a stop a bit further along on the right

το ακριβές αντίτιμο, παρακαλώ
to akrives aditimo parakalo
exact money only, please

πρέπει να αλλάξετε στο ...
prepi na alaxete sto ...
you'll have to change at ...

πρέπει να πάρετε το λεωφορείο νούμερο ...
prepi na parete to leoforio noomero ...
you need to get the number ... bus

αυτό το τραίνο σταματά στο ...
afto to treno stamata sto ...
this train calls at ...

δυο στάσεις από εδώ
thio stasis apo etho
two stops from here

BY CAR

There is no distinction between motorways and major national roads in Greece. Even roads which look like motorways are classed as **εθνική οδός** (*eTHniki othos*), similar to British A-roads or American highways. Driving conditions on secondary roads are often poor.

There are few self-service petrol stations, and not all take credit cards.

Taxis are relatively cheap, but don't be surprised if the driver takes up to four separate fares at once, varying the route slightly to suit them all. Note that at holiday times (Christmas, Easter etc), a tip is added to the fare. Taxis vary in colour depending on the town or area; in Athens, they are yellow.

Expressing yourself

where can I find a service station?
πού μπορώ να βρω ένα πρατήριο βενζίνης;
poo boro na vro ena pratirio venzinis?

lead-free petrol, please
αμόλυβδη βενζίνη, παρακαλώ
amolivthi venzini, parakalo

how much is it per litre?
πόσο κοστίζει το λίτρο;
poso kostizi to litro?

we got stuck in a traffic jam
πέσαμε σε κίνηση
pesame se kinisi

is there a garage near here?
υπάρχει κάποιο γκαράζ εδώ κοντά;
iparhi kapio garaz etho koda?

can you help us to push the car?
μπορείτε να μας βοηθήσετε να σπρώξουμε το αυτοκίνητο;
borite na mas voiTHisete na sproxoome to aftokinito?

the battery's dead
μείναμε από μπαταρία
miname apo bataria

I've broken down
έπαθα βλάβη
epaTHa vlavi

we've run out of petrol
μείναμε από βενζίνη
miname apo venzini

I've got a puncture and my spare tyre is flat
έσκασε το λάστιχο και η ρεζέρβα μου είναι ξεφούσκωτη
eskase to lastiho ke i rezerva moo ine xefooskoti

we've just had an accident
μόλις πάθαμε ένα ατύχημα
molis paTHame ena atihima

I've lost my car keys
έχασα τα κλειδιά του αυτοκινήτου μου
ehasa ta klithia too aftokinitoo moo

how long will it take to repair?
πόση ώρα θα πάρει η επισκευή;
posi ora THa pari i episkevi?

◆ Hiring a car

I'd like to hire a car for a week
θα ήθελα να νοικιάσω ένα αυτοκίνητο για μια βδομάδα
THa iTHela na nikiaso ena aftokinito ya mia evthomatha

an automatic (car)
ένα αυτόματο αυτοκίνητο
ena aftomato aftokinito

TRAVELLING

31

I'd like to take out comprehensive insurance
θα ήθελα μια μικτή ασφάλεια
THa iTHela mia mikti asfalia

◆ Getting a taxi

is there a taxi rank near here?
υπάρχει πιάτσα ταξί εδώ γύρω;
iparhi piatsa taxi etho ghiro?

I'd like to go to ...
θα ήθελα να πάω στο ...
THa iTHela na pao sto ...

I'd like to book a taxi for 8pm
θα ήθελα να κάνω μια κράτηση για ένα ταξί για τις οχτώ το απόγευμα
THa iTHela na kano mia kratisi ya ena taxi ya tis ohto to apoyevma

you can drop me off here, thanks
μπορείτε να με αφήσετε εδώ, ευχαριστώ
borite na me afisete etho, efharisto

how much will it be to go to the airport?
πόσο θα μου κοστίσει να πάω στο αεροδρόμιο;
poso THa moo kostisi na pao sto aerothromio?

◆ Hitchhiking

I'm going to ...
πάω στο ...
pao sto ...

can you drop me off here?
μπορείτε να με αφήσετε εδώ;
borite na me afisete etho?

could you take me as far as ...?
μπορείτε να με πάτε μέχρι ...;
borite na me pate mehri ...

thanks for the lift
ευχαριστώ που με φέρατε
efharisto poo me ferate

Understanding

ενοικίαση αυτοκινήτων	car hire
πάρκινγκ	car park
πλήρες	full *(car park)*
προς …	towards … *(indicates direction)*
μπείτε στη σωστή λωρίδα κατεύθυνσης	get in lane
κρατείστε το εισιτήριό σας	keep your ticket
μην παρκάρετε	no parking
αργά	slow
ελεύθερες θέσεις	spaces *(car park)*

θα χρειαστώ την άδεια οδήγησης, ταυτότητα ή διαβατήριο και την πιστωτική σας κάρτα
THa hriasto tin athia othighisis, taftotita i thiavatirio ke tin pistotiki sas karta
I'll need your driving licence, ID or passport and your credit card

πρέπει να δώσετε προκαταβολή 150 ευρώ
prepi na thosete prokatavoli 150 evro
there's a 150-euro deposit

εντάξει, μπείτε μέσα, θα σας πάω ως …
edaxi, bite mesa, THa sas pao os …
alright, get in, I'll take you as far as …

BY BOAT

Greece has a large number of shipping routes, and you can take boats to most of the islands. Days and times of crossings are listed in the local papers. Alternatively, you can call directory enquiries and ask for the names and phone numbers of the ports serving your destination. There are many crossings in summer, but it's still a good idea to book your ticket a few days in advance, especially if you are planning to take your car on the ferry. If you will be travelling on deck, bring a warm jumper and sleeping bag even in the height of summer.

Expressing yourself

how long is the crossing?
πόση ώρα είναι ο διάπλους;
posi ora ine o thiaploos?

when will we arrive in …?
πότε φτάνουμε σε …;
pote ftanoome se …?

I'm seasick
έχω ναυτία
eho naftia

can I have a cabin?
μπορώ να έχω μία καμπίνα;
boro na eho mia kabina?

when does the restaurant open?
πότε ανοίγει το εστιατόριο;
pote anighi to estiatorio?

Understanding

επιβάτες χωρίς όχημα μόνο	foot passengers only
επόμενη αναχώρηση σε …	next crossing at …

ACCOMMODATION

The price of accommodation can increase by as much as 20 percent during the main tourist season (particularly July and August) compared to the rest of the year. It is strongly advisable to book ahead if you are visiting during the summer, particularly if you will be there on 15 August (Assumption, a major holiday). Apart from in Athens, you can always rent a room in a private house – of course, you will have to pay cash for this.

There are lots of campsites in Greece, and you can also camp out in the open (but check the safety of the area carefully beforehand).

The basics

bath	λουτρό *lootro*, μπάνιο *banio*
bathroom	μπάνιο *banio*
bathroom with shower	μπάνιο με ντους *banio me doos*
bed	κρεβάτι *krevati*
bed and breakfast	δωμάτιο σε πανσιόν με πρωινό *thomatio se pansion me proino*
cable television	δορυφορική/καλωδιακή τηλεόραση *thoriforiki/kalothiaki tileorasi*
campsite	κατασκήνωση *kataskinosi*, κάμπινγκ *kamping*
caravan	τροχόσπιτο *trohospito*
double bed	διπλό κρεβάτι *thiplo krevati*
double room	δίκλινο δωμάτιο *thiklino thomatio*
en-suite bathroom	δωμάτιο με μπάνιο *thomatio me banio*
family room	οικογενειακό δωμάτιο *ikoyeniako thomatio*
flat	διαμέρισμα *thiamerisma*
full-board	πλήρης διατροφή *pliris thiatrofi*
fully inclusive	συμπεριλαμβάνονται όλα *siberilamvanonde ola*
half-board	ημιδιατροφή *imithiatrofi*
hotel	ξενοδοχείο *xenothohio*
key	κλειδί *klithi*
rent	ενοικιαζόμενο *enikiazomeno*
reserve	κάνω κράτηση *kano kratisi*

shower	ντους *doos*
single bed	μονό κρεβάτι *mono krevati*
single room	μονόκλινο *monoklino*
tenant	ενοικιαστής *enikiastis*
tent	σκηνή *skini*
toilets	τουαλέτες *tooaletes*
youth hostel	ξενώνας για νέους *xenonas ya neoos*, γιούθ χόστελ *yooTH hostel*
to book	κάνω κράτηση *kano kratisi*
to rent	ενοικιάζω *enikiazo*

Expressing yourself

I have a reservation
έχω κάνει μια κράτηση
eho kani mia kratisi

the name's ...
στο όνομα ...
sto onoma ...

do you take credit cards?
δέχεστε πιστωτικές κάρτες;
theheste pistotikes kartes?

Understanding

πλήρες	full
ιδιωτικό	private
ρεσεψιόν	reception
τουαλέτες	toilets
ελεύθερα δωμάτια	vacancies

θα μπορούσα να δω το διαβατήριό σας, παρακαλώ;
THa boroosa na tho to thiavatirio sas parakalo?
could I see your passport, please?

θα μπορούσατε να συμπληρώσετε αυτό το έντυπο;
THa boroosate na siblirosete afto to edipo?
could you fill in this form?

HOTELS

Expressing yourself

do you have any vacancies?
έχετε καθόλου άδεια δωμάτια;
ehete kaTHoloo athia thomatia?

how much is a double room per night?
πόσο κοστίζει ένα δίκλινο δωμάτιο για μία νύχτα;
poso kostizi ena thiklino thomatio ya mia nihta?

I'd like to reserve a double room/a single room
θα ήθελα να κάνω μια κράτηση για ένα δίκλινο/ένα μονόκλινο δωμάτιο
THa iTHela na kano mia kratisi ya ena thiklino/ena monoklino thomatio

for three nights
για τρεις νύχτες
ya tris nihtes

would it be possible to stay an extra night?
θα ήταν δυνατόν να μείνω άλλη μία νύχτα;
THa itan thinaton na mino ali mia nihta?

do you have any rooms available for tonight?
μήπως έχετε κανένα διαθέσιμο δωμάτιο για απόψε;
mipos ehete kanena thiaTHesimo thomatio ya apopse?

do you have any family rooms?
έχετε οικογενειακά δωμάτια;
ehete ikoyeniaka thomatia?

would it be possible to add an extra bed?
θα ήταν δυνατόν να προσθέσετε ένα επιπλέον κρεβάτι;
THa itan thinaton na prosTHesete ena epipleon krevati?

could I see the room first?
θα μπορούσα να δω το δωμάτιο πρώτα;
THa boroosa na tho to thomatio prota?

do you have anything bigger/quieter?
μήπως έχετε κάτι μεγαλύτερο/πιο ήσυχο;
mipos ehete kati meghalitero/pio isiho?

that's fine, I'll take it
αυτό είναι εντάξει, θα το πάρω
afto ine edaxi, THa to paro

could you recommend any other hotels?
θα μπορούσατε να μου προτείνετε κάποιο άλλο ξενοδοχείο;
THa boroosate na moo protinete kapio alo xenothohio?

is breakfast included?
περιλαμβάνεται το πρωϊνό;
perilamvanete to proino?

what time do you serve breakfast?
τι ώρα σερβίρεται το πρωϊνό;
ti ora servirete to proino?

is there a lift?
υπάρχει ασανσέρ;
iparhi asanser?

is the hotel near the centre of town?
είναι το ξενοδοχείο κοντά στο κέντρο της πόλης;
ine to xenothohio koda sto kedro tis polis?

what time will the room be ready?
τι ώρα θα είναι έτοιμο το δωμάτιο;
ti ora THa ine etimo to thomatio?

the key for room ..., please
το κλειδί για το δωμάτιο ..., παρακαλώ
to klithi ya to thomatio ..., parakalo

could I have an extra blanket?
θα μπορούσα να έχω άλλη μία κουβέρτα;
THa boroosa na eho ali mia kooverta?

the air conditioning isn't working
ο κλιματισμός δεν λειτουργεί
o klimatizmos then litoorghi

Understanding

λυπάμαι, αλλά είμαστε πλήρεις
lipame, ala imaste pliris
I'm sorry, but we're full

έχουμε μόνο ένα μονόκλινο δωμάτιο ελεύθερο
ehoome mono ena monoklino thomatio elefTHero
we only have a single room available

για πόσες νύχτες το θέλετε;
ya poses nihtes to THelete?
how many nights is it for?

ποιό είναι το όνομά σας, παρακαλώ;
pio ine to onoma sas parakalo?
what's your name, please?

μπορείτε να παραλάβετε το δωμάτιό σας από τις δώδεκα το μεσημέρι
borite na paralavete to thomatio sas apo tis thotheka to mesimeri
check-in is from midday

πρέπει να αναχωρήσετε από το δωμάτιο πριν τις ένδεκα το πρωί (11π.μ.)
prepi na anahorisete apo to thomatio prin tis entheka to proi
you have to check out before 11am

το πρωινό σερβίρεται στο εστιατόριο από τις επτά και μισή μέχρι τις εννέα το πρωί (7.30 – 9.00 π.μ.)
to proino servirete sto estiatorio apo tis epta ke misi mehri tis enea to proi
breakfast is served in the restaurant between 7.30 and 9.00

θα θέλατε μία εφημερίδα το πρωί;
THa THelate mia efimeritha to proi?
would you like a newspaper in the morning?

το δωμάτιό σας δεν είναι ακόμη έτοιμο
to thomatio sas then ine akomi etimo
your room isn't ready yet

μπορείτε να αφήσετε τις αποσκευές σας εδώ
borite na afisete tis aposkeves sas etho
you can leave your bags here

YOUTH HOSTELS

Expressing yourself

do you have space for two people for tonight?
έχετε χώρο για δύο άτομα για απόψε;
ehete horo ya thio atoma ya apopse?

we've booked two beds for three nights
έχουμε κλείσει δυο κρεβάτια για τρεις νύχτες
ehoome klisi thio krevatia ya tris nihtes

could I leave my backpack at reception?
θα μπορούσα ν'αφήσω το σάκο μου στη ρεσεψιόν;
THa boroosa nafiso to sako moo sti resepsion?

do you have somewhere we could leave our bikes?
έχετε/υπάρχει κάποιο μέρος που θα μπορούσαμε ν'αφήσουμε τα
ποδήλατά μας;
ehete/iparhi kapio meros poo THa boroosame nafisoome ta pothilatamas?

I'll come back for it around 7 o'clock
θα γυρίσω να το πάρω κατά τις επτά
THa ghiriso na to paro kata tis epta

there's no hot water	**the sink's blocked**
δεν υπάρχει ζεστό νερό	ο νιπτήρας είναι βουλωμένος
then iparhi zesto nero	*o niptiras ine voolomenos*

Understanding

έχετε κάρτα μέλους;	διαθέτουμε σεντόνια
ehete karta meloos?	*thiaTHetoome sedonia*
do you have a membership card?	bed linen is provided

ο ξενώνας ξανανοίγει στις έξι
o xenonas xananighi stis exi
the hostel reopens at 6pm

SELF-CATERING

Expressing yourself

we're looking for somewhere to rent near a town
ψάχνουμε να νοικιάσουμε κάτι κοντά στη πόλη
psahnoome na nikiasoome kati koda sti poli

where do we pick up/leave the keys?
από πού παίρνουμε/αφήνουμε τα κλειδιά;
apo poo pernoome/afinoome ta klithia?

is electricity included in the price?
το ηλεκτρικό (ρεύμα) συμπεριλαμβάνεται στην τιμή;
to ilektriko (revma) siberilamvanete stin timi?

are bed linen and towels provided?
διαθέτετε σεντόνια και πετσέτες;
thiaTHetete sedonia ke petsetes?

is a car necessary?   **is there a pool?**
είναι απαραίτητο το αυτοκίνητο;   υπάρχει πισίνα;
ine aparerito to aftokinito?   *iparhi pisina?*

is the accommodation suitable for elderly people?
είναι το κατάλιμα κατάλληλο για ηλικιωμένους ανθρώπους;
ine to katalima katalilo ya ilikiomenoos anTHropoos?

where is the nearest supermarket?
πού βρίσκεται το κοντινότερο σούπερ-μάρκετ;
poo vriskete to kodinotero soopermarket?

Understanding

παρακαλώ ν'αφήσετε το σπίτι καθαρό και τακτοποιημένο όταν φύγετε
parakalo nafisete to spiti kaTHaro ke taktopiimeno otan fiyete
please leave the house clean and tidy when you leave

το σπίτι είναι πλήρως επιπλωμένο
to spiti ine pliros epiplomeno
the house is fully furnished

όλα συμπεριλαμβάνονται στη τιμή
ola siberilamvanode sti timi
everything is included in the price

**χρειάζεστε πραγματικά ένα αυτοκίνητο σ'αυτή την περιοχή της
   χώρας**
hriazeste praghmatika ena aftokinito safti tin periohi tis horas
you really need a car in this part of the country

CAMPING

Expressing yourself

is there a campsite near here?
υπάρχει κάποιο κάμπινγκ εδώ κοντά;
iparhi kapio kamping etho koda?

I'd like to book a space for a two-person tent for three nights
θα ήθελα να κλείσω μια θέση για μία σκηνή δυο ατόμων για τρεις
   νύχτες
THa iTHela na kliso mia THesi ya mia skini thio atomon ya tris nihtes

how much is it a night?
πόσο κοστίζει η νύχτα;
poso kostizi i nihta?

where is the shower block?
πού είναι τα ντους;
poo ine ta doos?

can we pay, please? we were at space …
θα μπορούσαμε να πληρώσουμε παρακαλώ; είμασταν στη θέση …
THa boroosame na plirosoome, parakalo? imastan sti THesi …

Understanding

κοστίζει … ευρώ η βραδιά το άτομο
kostizi … evro i vrathia to atomo
it's … per person per night

εάν χρειαστείτε κάτι, μη διστάσετε να μας ρωτήσετε
ean hriastite kati, mi thistasete na mas rotisete
if you need anything, just come and ask

EATING AND DRINKING

There are various different types of place to eat in Greece. The most common is the taverna (**ταβέρνα** taverna), a traditional local establishment serving full meals and meze (**μεζέδες** mezethes), for lunch and dinner. You can accompany your food with a glass or two of ouzo. A restaurant (**εστιατόριο** estiatorio) is a more upmarket and usually more expensive establishment. For a quick snack, try one of the many takeaways selling **σουβλάκια** (soovlakia), the famous Greek kebabs. It's a completely different experience from the kebabs you find back home!

Lunch is usually eaten quite late, around 2 or 3pm. Times for the evening meal vary, and you will have no trouble getting something to eat late at night. Tavernas don't usually have much choice, and everything is served at the same time (except dessert). If you don't ask for mineral water, you will be brought a jug of tap water when you arrive. You will have to pay a cover charge in some places.

The most common type of café is called a **καφετέρια** (kafeteria) or a **καφέ-μπαρ** (kafe-bar). A **καφενείο** (kafenio) is a more traditional place which tends to have an older clientele. These usually serve snacks.

Coffee is popular in all forms: don't forget to try a Greek coffee, **ελληνικός** (elinikos), and a **νεσκαφέ φραπέ** (neskafe frape), iced coffee which is very refreshing in summer. For alcoholic drinks, there are plenty of bars which are open until late (no food is served), or try an **ουζερί** (oozeri) for a drink and some meze.

The basics

beer	μπύρα bira
bill	λογαριασμός loghariasmos
black coffee	καφές χωρίς γάλα kafes horis ghala
bottle	μπουκάλι bookali
bread	ψωμί psomi
breakfast	πρωϊνό proino
coffee	καφές kafes

Coke®	κόκα κόλα *koka kola*
dessert	επιδόρπιο *epithorpio*
dinner	δείπνο *thipno*, βραδυνό *vrathino*
fruit juice	χυμός φρούτων *himos frooton*
lemonade	λεμονάδα *lemonatha*
lunch	γεύμα *yevma*
main course	κυρίως πιάτο *kirios piato*
menu	μενού *menoo*
mineral water	μεταλλικό νερό *metaliko nero*, εμφιαλωμένο *emfialomeno*
red wine	κόκκινο κρασί *kokino krasi*
rosé wine	ροζέ κρασί *roze krasi*
salad	σαλάτα *salata*
sandwich	σάντουιτς *sadooits*
service	υπηρεσία *ipiresia*
sparkling *(water, wine)*	ανθρακούχο *anTHrakooho*
starter	ορεκτικό *orektiko*
tea	τσάι *tsai*
tip	πουρμπουάρ *poorbooar*
water	νερό *nero*
white coffee	καφές με γάλα *kafes me ghala*
white wine	λευκό κρασί *lefko krasi*
wine	κρασί *krasi*
wine list	κατάλογος κρασιών *kataloghos krasion*
to eat	τρώω *troo*
to have breakfast	παίρνω πρωινό *perno proino*
to have dinner	δειπνώ *thipno*
to have lunch	γευματίζω *yevmatizo*
to order	παραγγέλνω *parangelno*

Expressing yourself

shall we go and have something to eat?
πάμε να φάμε κάτι;
pame na fame kati?

do you want to go for a drink?
θέλεις να πάμε για ένα ποτό;
THelis na pame ya ena poto?

44

can you recommend a good restaurant?
μήπως μπορείτε να μας προτείνετε ένα καλό εστιατόριο;
mipos borite na mas protinete ena kalo estiatorio?

I'm not very hungry
δεν πεινάω πολύ
then pinao poli

excuse me! *(to call the waiter)*
παρακαλώ!
parakalo!

cheers!
στην υγειά μας!
stin iya mas!

that was lovely
ήταν υπέροχα
itan iperoha

could you bring us an ashtray, please?
μπορείτε να μας φέρετε ένα τασάκι, παρακαλώ;
borite na mas ferete ena tasaki, parakalo?

where are the toilets, please?
πού είναι οι τουαλέτες, παρακαλώ;
poo ine i tooaletes, parakalo?

Understanding

φαγητό σε πακέτο   takeaway

λυπάμαι, σταματάμε να σερβίρουμε στις 11 η ώρα
lipame, stamatame na serviroome stis edeka i ora
I'm sorry, we stop serving at 11pm

RESERVING A TABLE

Expressing yourself

I'd like to reserve a table for tomorrow evening
θα ήθελα να κλείσω ένα τραπέζι για αύριο το βράδυ
THa iTHela na kliso ena trapezi ya avrio to vrathi

for two people
για δύο άτομα
ya thio atoma

around 8 o'clock
γύρω στις οχτώ η ώρα
ghiro stis okto i ora

do you have a table available any earlier than that?
μήπως έχετε κάποιο διαθέσιμο τραπέζι νωρίτερα;
mipos ehete kapio thiaTHesimo trapezi noritera?

I've reserved a table – the name's …
έχω κλείσει ένα τραπέζι στο όνομα …
eho klisi ena trapezi sto onoma …

Understanding

ρεζερβέ
reserved

για ποιά ώρα;
ya pia ora?
for what time?

για πόσα άτομα;
ya posa atoma?
for how many people?

σε τι όνομα;
se ti onoma?
what's the name?

καπνιστών ή μη καπνιστών;
kapniston i mi kapniston?
smoking or non-smoking?

έχετε κάνει κράτηση;
ehete kani kratisi?
do you have a reservation?

σας κάνει το τραπέζι στη γωνία;
sas kani to trapezi sti ghonia?
is this table in the corner OK for you?

λυπάμαι, είμαστε πλήρεις για την ώρα
lipame imaste pliris ya tin ora
I'm afraid we're full at the moment

ORDERING FOOD

Expressing yourself

yes, we're ready to order
ναι, είμαστε έτοιμοι να παραγγείλουμε
ne, imaste etimi na parangiloome

no, could you give us a few more minutes?
όχι, μας δίνετε λίγα λεπτά ακόμα;
ohi, mas thinete ligha lepta akoma?

I'd like …
θα ήθελα …
THa iTHela …

could I have …?
θα μπορούσα να έχω …;
THa boroosa na eho …

I'm not sure, what's "pastitsio"?
δεν είμαι σίγουρος για το τι είναι το παστίτσιο
then ime sighooros ya to ti ine to pastitsio

I'll have that
θα πάρω αυτό
THa paro afto

does it come with vegetables?
συνοδεύεται με λαχανικά;
sinothevete me lahanika?

what are today's specials?
ποιές είναι οι σπεσιαλιτέ της ημέρας;
pies ine i spesialite tis imeras?

what desserts do you have?
τι επιδόρπια έχετε;
ti epithorpia ehete?

some water, please
λίγο νερό παρακαλώ
ligho nero parakalo

a bottle of red/white wine
ένα μπουκάλι κόκκινο/λευκό κρασί
ena bookali kokino/lefko krasi

I'm allergic to peanuts/wheat/seafood/citrus fruit
είμαι αλλεργικός στα φυστίκια/στο σιτάρι/στα θαλασσινά/στα
εσπεριδοειδή
ime alerghikos sta fistikya/sto sitari/sta THalasina/sta esperithoithi

that's for me
αυτό είναι για μένα
afto ine ya mena

this isn't what I ordered, I wanted …
δεν είναι αυτό που παρήγγειλα, ήθελα …
then ine afto poo paringila, iTHela …

could we have some more bread, please?
θα μπορούσαμε να έχουμε λίγο ψωμί ακόμα, παρακαλώ;
THa boroosame na ehoome ligho psomi akoma, parakalo?

could you bring us another jug of water, please?
μπορείτε να μας φέρετε ακόμα μια κανάτα νερό, παρακαλώ;
borite na mas ferete akoma mia kanata nero, parakalo?

Understanding

είστε έτοιμοι να παραγγείλετε;
iste etimi na parangilete?
are you ready to order?

θα επιστρέψω σε λίγα λεπτά
THa epistrepso se ligha lepta
I'll come back in a few minutes

λυπαμαι, δεν μας έχει μείνει καθόλου ...
lipame, then mas ehi mini kaTHoloo ...
I'm sorry, we don't have any ... left

τι θα θέλατε να πιείτε;
ti THa THelate na piite?
what would you like to drink?

ήταν όλα εντάξει;
itan ola edaxi?
was everything OK?

θα θέλατε επιδόρπιο ή καφέ;
THa THelate epithorpio i kafe?
would you like dessert or coffee?

BARS AND CAFÉS

Expressing yourself

I'd like ...
θα ήθελα ...
THa iTHela ...

a glass of red/white wine
ένα ποτήρι κόκκινο/λευκό κρασί
ena potiri kokino/lefko krasi

a cup of tea
ένα φλυτζάνι τσάϊ
ena flitzani tsai

a Coke®/a diet Coke®
μία κόκα κόλα/μία κόκα κόλα λάϊτ
mia koka kola/mia koka kola lait

a black/white coffee
ένα καφέ χωρίς γάλα/με γάλα
ena kafe horis ghala/me ghala

a coffee and a croissant
ένα καφέ και ένα κρουασάν
ena kafe ke ena krooasan

a cup of hot chocolate	**the same again, please**
μία ζεστή σοκολάτα	το ίδιο ξανά, παρακαλώ
mia zesti sokolata	*to ithio xana, parakalo*

Understanding

μη αλκοολούχο   non-alcoholic

τι θα θέλατε;
ti THa THelate
what would you like?

αυτή είναι η περιοχή των μη καπνιστών
afti ine i periohi ton mi kapniston
this is the non-smoking area

θα μπορούσατε να με πληρώσετε τώρα, παρακαλώ;
THa boroosate na me plirosete tora, parakalo?
could I ask you to pay now, please?

THE BILL

Expressing yourself

the bill, please
τον λογαριασμό, παρακαλώ
ton loghariasmo, parakalo

how much do I owe you?
τι σας οφείλω;
ti sas ofilo?

do you take credit cards?
δέχεστε πιστωτικές κάρτες;
theheste pistotikes kartes?

I think there's a mistake in the bill
νομίζω ότι έχει γίνει κάποιο λάθος με το λογαριασμό
nomizo oti ehi ghini kapio laTHos me to loghariasmo

is service included?
συμπεριλαμβάνεται το σέρβις;
siberilamvanete to servis?

Understanding

θα πληρώσετε όλοι μαζί;
THa plirosete oli mazi?
are you all paying together?

ναι, συμπεριλαμβάνεται το σέρβις
ne, siberilamvanete to servis
yes, service is included

Some informal expressions

είμαι μεθυσμένος *ime meTHizmenos* to be drunk
είμαι λιώμα *ime lioma* to be very drunk
έσκασα από το φαϊ *eskasa apo to fai* to have eaten too much
έχω χανκόβερ *eho hankover* to have a hangover
πεινάω σαν λύκος! *pinao san likos!* I'm starving!

FOOD AND DRINK

In Greece, there is usually no separation between the different courses, with extras like bread, cheese, salad and dips all accompanying the main course and served at the same time. Lunch is the main meal of the day and there are few, if any, desserts, with the exception of some fresh fruit. Sweets and cakes are considered too heavy after lunch or dinner and are usually enjoyed by themselves with afternoon coffee. Small savoury dishes called **μεζές** *mezes* can be eaten at any time to accompany a drink like beer or **ούζο** *oozo*.

Understanding

βραστό	boiled
γεμιστό	stuffed
καλοψημένο	well done
καπνιστό	smoked
κρύο	cold
λιωμένο	melted
μερίδα	portion
μέτρια ψημμένο	medium rare
νερόβραστο	boiled in water
παγωμένο	very cold
πανέ	coated in egg and breadcrumbs
τηγανητό	fried
πικάντικο	spicy
σε κομμάτια	in pieces
σενιάν	rare
στον ατμό	steamed
φέτες	in slices
ψητό στα κάρβουνα	char-grilled
ψητό στη σχάρα	grilled
ψητό στο φούρνο	baked

◆ ορεκτικά, σαλάτες, τυριά appetizers, salads, cheeses

γαρίδες σαγανάκι *gharithes saghanaki*	shrimps cooked in tomato sauce and topped with scrambled eggs
ελιές *elies*	olives
κολοκυθάκια τηγανητά *kolokiTHakia tighanita*	fried courgettes
μελιτζανοσαλάτα *melitzanosalata*	aubergine dip
ντολμαδάκια γιαλαντζί *dolmathakia yalantzi*	vine leaves stuffed with rice
σαγανάκι *saghanaki*	fried cheese
σκορδαλιά *skorthalia*	garlic dip
σπανακόπιτα *spanakopita*	spinach pie
ταραμοσαλάτα *taramosalata*	taramasalata
τζατζίκι *tzatziki*	tzatziki, = dip made from yoghurt, garlic, cucumber and mint
τυροκαφτερή *tirokafteri*	dip made from cheese and hot peppers
φάβα *fava*	dip made from fava beans
τυροπιτάκια *tiropitakia*	small fried cheese pies
χταπόδι ξιδάτο *htapothi xithato*	octopus in vinegar
πατζάρια *patzaria*	beetroot
σαλάτα λάχανο *salata lahano*	salad of white cabbage
σαλάτα μαρούλι *salata marooli*	salad of cos lettuce with spring onions and olive oil, lemon or vinegar
χόρτα *horta*	boiled greens, served cold as a salad with olive oil and lemon
χωριάτικη σαλάτα *horiatiki salata*	Greek salad
σαλάτα ανάμικτη *salata anamikti*	salad made from white cabbage, grated carrots, spring onions, dill, olive oil and lemon
ανθότυρο *anTHotiro*	very light soft cheese
γραβιέρα *ghraviera*	hard goat's cheese
κασέρι *kaseri*	soft yellow cow's cheese
κεφαλογραβιέρα *kefaloghraviera*	hard goat's cheese, more spicy than **γραβιέρα**
κεφαλοτύρι *kefalotiri*	hard goat's cheese
μανούρι *manoori*	soft white cheese made of sheep's or goat's milk

μετσοβόνε *metsovone*	smoked hard cheese, a speciality of Metsovo
μυτζήθρα *mitziTHra*	soft white sheep's milk cheese
σφέλα *sfela*	white spicy and salty sheep's milk cheese, a speciality of Kalamata
φέτα *feta*	feta cheese

◆ κρεατικά meat

You can choose between roast meat or dishes in sauce (**μαγειρευτά** *maghirefta*). Alternatively, you can have meat grilled to order (**της ώρας** *tis oras*), which is usually served with chips and garnished with a wedge of lemon. Other dishes may come with chips, rice or pasta, though sometimes there is no accompaniment. Meat is generally well-done in Greece, but you can request a rare or medium steak when you order.

αρνί στη σούβλα *arni sti soovla*	spit-roasted lamb
αρνί φρικασέ *arni frikase*	lamb cooked in a casserole with lettuce and a thick egg and lemon sauce
γιουβαρλάκια αυγολέμονο *yoovarlakia avgholemono*	meatballs cooked in a casserole with an egg and lemon sauce
γιουβέτσι *yoovetsi*	beef, lamb or chicken, cooked in a tomato sauce, with *kriTHaraki*, a type of small pasta, traditionally baked in the oven in a ceramic dish
γουρουνόπουλο *ghooroonopoolo*	spit-roast pork
γύρος *ghiros*	meat served in thin slices by itself or, more commonly, in a pitta bread with tomatoes and tzatziki
κεμπάπ *kebap*	meat served in small pieces, usually in a pitta bread with tomatoes and tzatziki
κεφτεδάκια *keftethakia*	meat croquettes, usually fried
κοκκινιστό *kokinisto*	beef in tomato sauce
κοκορέτσι *kokoretsi*	sheep's entrails

FOOD AND DRINK

κοτόπουλο στη σχάρα *kotopoolo sti shara*	grilled chicken
κοτόπουλο με μπάμιες *kotopoolo me bamies*	chicken with okra in a tomato sauce
λαχανοντολμάδες *lahanodolmathes*	meatballs in cabbage leaves
λεμονάτο *lemonato*	beef, pork or chicken in a lemon sauce
μουσακάς *mousakas*	moussaka
μπιφτέκι μοσχαρίσιο *bifteki mosharisio*	burger
μπριζόλα χοιρινή/μοσχαρίσια *brizola hirini/mosharisia*	pork chop/steak
παϊδάκια *paithakia*	ribs
παστίτσιο *pastitsio*	bake, similar to lasagne, made from pasta, mince, tomato sauce and bechamel sauce
σουβλάκι *soovlaki*	chunks of meat threaded on a skewer and roasted over an open fire or grill
στιφάδο *stifatho*	casserole made from hare or rabbit cooked in a spicy tomato sauce with onions
χοιρινό πρασοσέλινο *hirino prasoselino*	pork with celery and leeks
χωριάτικο λουκάνικο *horiatiko lookaniko*	spicy sausage

◆ **ψάρια και θαλασσινά** fish and seafood

Very small fish such as whitebait are usually served fried and garnished with lemon, and there is no need to remove the tiny bones. Larger fish are oven-baked with tomato (**πλακί** *plaki*), or grilled and served with a light dressing of olive oil and lemon juice.

You will also find various kinds of fish soup (**ψαρόσουπα** *psarosoopa*). If you get the chance, make sure you try **μπακαλιάρος σκορδαλιά** (*bakaliaros skorthalia*). This is a special dish of fried or poached cod served with a dip made of bread, garlic and olive oil which is eaten on 25 March to celebrate Greece's national day.

FOOD AND DRINK

Note that fish (particularly squid) is often cooked from frozen. If you really want fresh fish, tell the waiter: *psari fresko, ohi katepsighmeno* (fresh fish, not frozen).

αθερίνες *aTHerines*	whitebait
αστακός *astakos*	lobster
αχινοί *ahini*	sea urchins
γαρίδες *gharithes*	prawns
γαύρος *ghavros*	anchovies
γλώσσα *ghlosa*	sole
γόπες *ghopes*	bogue *(type of fish found in the Mediterranean)*
καβούρια *kavooria*	crab
καλαμαράκια *kalamarakia*	squid
λαυράκι *lavraki*	sea bass
μαρίδα *maritha*	whitebait
μπακαλιάρος *bakaliaros*	cod
μπαρμπούνι *barbooni*	red mullet
μύδια *mithia*	mussels
ρέγγα *rega*	herring
σαρδέλες *sartheles*	sardines
στρείδια *strithia*	oysters
σουπιές *soopies*	cuttlefish
χταπόδι *htapothi*	octopus

FOOD AND DRINK

◆ **όσπρια, λαδερά** pulses and vegetables

Soups made with pulses (**όσπρια** *ospria*) are an important part of Greek cuisine: bean soup is often considered the national dish. Vegetarians and meat-eaters alike will find them a satisfying alternative to the many meat dishes. They are made by boiling beans with onions, carrots, tomatoes and herbs. Vegetable dishes are also popular. They are made by sautéing onions and garlic in olive oil and then adding tomatoes and fresh vegetables (**λαδερά** *lathera*). These dishes taste better warm, rather than hot, and they are equally tasty (if not even more so) the next day.

αγκινάρες *aginares*	artichokes in a tomato sauce with dill
αρακάς *arakas*	peas in a tomato sauce with dill
γεμιστά *yemista*	tomatoes, peppers, courgettes, aubergines stuffed with rice and baked in the oven
γίγαντες *ghighades*	broad beans cooked in the oven in a tomato sauce with onions and dill
μπάμιες *bamies*	okra in a tomato sauce
μπριάμ *briam*	courgettes and potatoes baked in the oven
ρεβύθια *reviTHia*	chickpea soup with lemon
σπανακόρυζο *spanakorizo*	spinach with rice
φακές *fakies*	lentil soup
φασολάδα *fasolatha*	bean and tomato soup
φασολάκια *fasolakia*	green beans in a tomato sauce

◆ **γλυκά** pastries and cakes

Traditional Greek pastries tend to have an eastern influence. They are often soaked in a honey-based syrup, making them very sweet. You can choose between filled flaky pastries and flour-based cakes. A traditional Greek cake shop (**ζαχαροπλαστείο** *zaharoplastio*) will also sell all kinds of cream cakes, chocolate cakes and fruit tarts and stays open until late in the evening seven days a week.

A traditional sweet speciality is the **γλυκό του κουταλιού** *ghliko too kootalioo*, a sort of fruit preserve, made from fruits such as cherries, grapes, oranges, quinces and so on. Another favourite is yoghurt with honey and walnuts.

χαλβάς *halvas*	halva, = sweetmeat made either from semolina and syrup or sesame seeds and honey
μπακλαβάς *baklavas*	baklava, = crushed walnuts sandwiched between layers of filo pastry and soaked in syrup

κανταΐφι *kadaifi*
crushed almonds and other nuts wrapped in fine strands of filo pastry

γαλακτομπούρεκο *ghalaktobooreko*
milk and semolina pudding sandwiched between layers of filo pastry and drizzled with syrup

καρυδόπιτα *karithopita*
cake with walnuts and syrup

μελομακάρονα *melomakarona*
small Christmas sweets soaked in honey

κουραμπιέδες *koorabiethes*
small Christmas sweets made from almonds and icing sugar

πάστα *pasta*
layered sponge cake with cream

GLOSSARY OF FOOD AND DRINK

αβγό egg
αβοκάντο avocado
αγγούρι cucumber
αγκινάρες artichokes
ακτινίδιο kiwi fruit
αλάτι salt
αλεύρι flour
αμύγδαλο almond
άνιθος fennel, dill
αρακάς peas
αρνί lamb
ασπράδι eggwhite
άσπρη σάλτσα white sauce
αχλάδι pear
βανίλια vanilla
βασιλικός basil
βερίκοκο apricot
βιτάμ margarine
βούτυρο butter
γάλα milk
γεμιστά stuffed vegetables
γιαούρτι yoghurt
γλυκό (noun) cake; (adj) sweet
γρανίτα sorbet
δάφνη bay leaf
δείπνο dinner

δημητριακά cereals
δυόσμος type of mint
ελαιόλαδο olive oil
ελιά olive
ζαμπόν ham
ζάχαρη sugar
ζελέ jelly
θυμάρι thyme
καλαμπόκι corn
κανάτα jug
κανέλλα cinnamon
κάπαρη caper
καραμέλα boiled sweet
καρότο carrot
καρπούζι watermelon
καρύδι walnut
κατσίκι kid
καυτερό spicy, hot
κέϊκ cake
κεράσι cherry
κιμάς mince
κύμινο cumin
κόκκινη σάλτσα tomato sauce
κόκορας cock, capon
κολοκύθα pumpkin
κολοκύθι courgette

κονσέρβα tin
κορίανδρος coriander
κότα hen
κοτόπουλο chicken
κουκιά broad beans
κουκουνάρια pine nuts
κουλούρι cookie, biscuit
κουνουπίδι cauliflower
κουτάλι spoon
κουτάλι της σούπας tablespoon
κουτάλι του γλυκού teaspoon
κρασάτο prepared in a wine sauce
κρασί wine
κριθαράκι type of small pasta shape
κρέμα cream
κρέμα γάλακτος crème fraîche, double cream
κρεμμύδι onion
κρόκος egg yolk
κυδώνι quince
λαγός hare
λάδι oil
λάχανο cabbage
λεμονάδα lemonade
λεμόνι lemon
λιωμένος melted
λουκουμάδες small doughnuts with honey
λουκούμι turkish delight
μαϊντανός parsley
μακαρόνια pasta
μανιτάρια mushrooms
μανταρίνι mandarin
μαρμελάδα jam, marmalade
μαρούλι lettuce
μαυροδάφνη sweet red wine
μαχαίρι knife
μαχαιροπίρουνα cutlery
μέλι honey
μελιτζάνα aubergine
μέντα mint

μεσημεριανό lunch
μήλο apple
μοσχάρι beef
μοσχοκάρυδο nutmeg
μουστάρδα mustard
μπάμιες okra
μπαχαρικά spices
μπέικον bacon
μπεσαμέλ white sauce, béchamel sauce
μπίρα beer
μπουκάλι bottle
μπουγάτσα cream pie
μπουρέκι patty
μπούτι chicken leg
νεκταρίνι nectarine
νερό water
ντομάτα tomato
ξηροί καρποί dried fruits
ξύδι vinegar
ξύσμα zest
ομελέτα omelette
ούζο ouzo
παγάκια ice cubes
παγωτό ice cream
πατζάρι beetroot
παϊδάκια ribs
πάπια duck
πατάτα potato
πεπόνι melon
πετσέτα napkin
πιλάφι rice
πιπέρι pepper
πιπεριές peppers
πιρούνι fork
πορτοκαλάδα orange juice
πορτοκάλι orange
ποτήρι glass
πράσο leek
πρωινό breakfast
ρακή raki

ρακόμελο warm raki with honey
ρεβίθια chickpeas
ρετσίνα type of white wine
ρίγανη oregano
ροδάκινο peach
ρόκα rocket
ρόφημα hot drink
ρύζι rice
σαλάτα salad
σέλινο celery
σίκαλη rye
σιμιγδάλι semolina
σιτάρι wheat
σκόρδο garlic
σοκολάτα chocolate
σούπα soup
σπανάκι spinach
σπαράγγια asparagus
σταφίδες raisins
σταφύλια grapes
στήθος κοτόπουλο chicken breast
σύκο fig
συκώτι liver
τηγανητές πατάτες fries, chips
τόνος tuna
τουρσί pickled vegetables
τούρτα gateau

τραπεζομάντιλο tablecloth
τριμμένο grated
τσάι tea
τσάι βουνού herbal tea
τσικουδιά raki from Crete
τσιπς crisps
τυρί cheese
φάβα fava beans
φακές lentils
φασόλια kidney beans
φιλέτο fillet
φύλλο filo pastry
φουντούκια hazelnuts
φράουλα strawberry
φρούτα fruit
φυσικός χυμός freshly squeezed
fruit juice
χαμομήλι chamomile
χαρτοπετσέτα paper napkin
χοιρινό pork
χυμός juice
ψάρι fish
ψωμί bread
ψωμί με προζύμι bread made with
yeast
ψωμί ολικής αλέσεως wholemeal
bread

GOING OUT

You can find out what's on in the local and national papers, or look out for posters in the town centre. In Athens, the weekly city guide **Αθηνόραμα** (aTHin*o*rama) has information on nightlife, museums, exhibitions etc.

There is a lively theatre scene in Athens, but productions vary in quality. In summer, smaller towns often make use of their outdoor theatres. Many of these are Ancient Greek theatres, the most famous being Epidaurus in the Peloponnese – if you are there during the summer, check out the programme. Some cinemas close from June to September – instead, people go to outdoor cinemas where they can enjoy both the film and the starry night.

Greek people like going out and much of their social life is centred around outdoor activities, from beaches, cafés and markets to open-air cinemas and theatres.

Although it's easy to find somewhere selling food and drink at almost any hour of the day or night, most Greek people go out for food quite late (after 9pm) and usually stay at the local restaurant until 11, after which they may continue their evening in a café for ice-cream or go to a bar for a drink. There are lots of clubs, but if you want to hear some traditional Greek music go to a **ρεμπετάδικο** (rebet*a*thiko) or to a tavern with live music.

The basics

ballet	μπαλέτο bal*e*to
band	μπάντα b*a*nda
bar	μπαρ bar
cinema	κινηματογράφος kinimatoghr*a*fos, σινεμά sinem*a*
circus	τσίρκο ts*i*rko
classical music	κλασική μουσική klasik*i* m*oo*siki
club	κλαμπ klab
concert	κονσέρτο kons*e*rto, συναυλία sinavl*i*a

dubbed film	μεταγλωτισμένο φιλμ *metaghlotismeno film*
festival	φεστιβάλ *festival*
film	φιλμ *film*, ταινία *tenia*
group	γκρουπ *groop*
jazz	τζαζ *tzaz*
modern dance	μοντέρνος χορός *modernos horos*
musical	μιούζικαλ *mioozikal*
party	πάρτυ *parti*
play	έργο *ergho*
pop music	ποπ μουσική *pop moosiki*
rock music	ροκ μουσική *rok moosiki*
show	παράσταση *parastasi*
subtitled film	φιλμ με υπότιτλους *film me ipotitloos*
theatre	θέατρο *THeatro*
ticket	εισιτήριο *isitirio*
traditional music	παραδοσιακή μουσική *parathosiaki moosiki*
to book	κανω κράτηση *kano kratisi*
to go out	βγαίνω έξω *vyeno exo*

SUGGESTIONS AND INVITATIONS

Expressing yourself

where can we go?
πού μπορούμε να πάμε;
poo boroome na pame?

shall we go for a drink?
να πάμε για ένα ποτό;
na pame ya ena poto?

do you have plans?
έχεις σχέδια;
ehis shethia?

we were thinking of going to …
σκεφτόμασταν να πάμε …
skeftomastan na pame …

what do you want to do?
τι θέλεις να κάνεις;
ti THelis na kanis?

what are you doing tonight?
τι κάνεις απόψε;
ti kanis apopse?

would you like to …?
θα ήθελες να …;
THa iTHeles na …?

I can't today, but maybe some other time
δεν μπορώ σήμερα, αλλά ίσως κάποια άλλη φορά
then boro simera ala isos kapia ali fora

I'm not sure I can make it
δεν είμαι σίγουρος πως μπορώ να τα καταφέρω
then ime sighooros pos boro na ta katafero

I'd love to
πολύ θα τόθελα
poli THa toTHela

ARRANGING TO MEET

Expressing yourself

what time shall we meet?
τι ώρα να συναντηθούμε;
ti ora na sinadiTHoome?

where shall we meet?
πού να συναντηθούμε;
poo na sinadiTHoome?

would it be possible to meet a bit later?
είναι δυνατόν να συναντηθούμε λίγο αργότερα;
ine thinaton na sinadiTHoome ligho arghotera?

I have to meet ... at nine
πρέπει να συναντήσω τον/την ... στις εννιά
prepi na sinadiso ton/tin ... stis enia

I don't know where it is but I'll find it on the map
δεν ξέρω που είναι αλλά θα το βρώ στον χάρτη
then xero poo ine ala THa to vro ston harti

see you tomorrow night
θα σε δω αύριο το βράδυ
THa se tho avrio to vrathi

I'll meet you later, I have to stop by the hotel first
θα σε συναντήσω αργότερα, πρέπει να πάω πρώτα από το
ξενοδοχείο
THa se sinadiso arghotera, prepi na pao prota apo to xenothohio

I'll call/text you if there's a change of plan
θα σου τηλεφωνήσω/στείλω μήνυμα αν κάτι αλλάξει
THa soo tilefoniso/stilo minima an kati alaxi

are you going to eat beforehand?
θα φας πριν;
THa fas prin?

sorry I'm late
συγνώμη που άργησα
sighnomi poo arghisa

Understanding

συμφωνείς;
simfonis?
is that OK with you?

θα έρθω να σε πάρω γύρω στις οχτώ
THa erTHo na se paro ghiro stis ohto
I'll come and pick you up about 8

θα σε συναντήσω κατ'ευθείαν εκεί
THa se sinadiso katefTHian eki
I'll meet you there

μπορούμε να βρεθούμε έξω από …
boroome na vreTHoome exo apo …
we can meet outside …

θα σου δώσω το νούμερό μου και μπορείς να μου τηλεφωνήσεις αύριο
THa soo thoso to noomero moo ke boris na moo tilefonisis avrio
I'll give you my number and you can call me tomorrow

Some informal expressions

πίνω κάτι *pino kati* to have a drink
τσιμπάω κάτι *tsibao kati* to have a bite to eat

GOING OUT

FILMS, SHOWS AND CONCERTS

Expressing yourself

is there a guide to what's on?
υπάρχει κάποιος οδηγός θεαμάτων;
iparhi kapios othighos THeamaton?

I'd like three tickets for ...
θα ήθελα τρία εισιτήρια για ...
THa iTHela tria isitiria ya ...

two tickets, please
δύο εισιτήρια, παρακαλώ
thio isitiria, parakalo

it's called ...
λέγεται ...
leyete ...

I've seen the trailer
το έχω δει στα προσεχώς
to eho thi sta prosehos

what time does it start?
τι ώρα αρχίζει;
ti ora arhizi?

I'd like to go and see a show
θα ήθελα να πάω να δω μία παράσταση
THa iTHela na pao na tho mia parastasi

I'll find out whether there are still tickets available
θα ρωτήσω αν υπάρχουν ακόμα θέσεις
THa rotiso an iparhoon akoma THesis

do we need to book in advance?
πρέπει να κρατήσουμε θέσεις από πριν;
prepi na kratisoome THesis apo prin?

how long is it on for?
για πόσο καιρό παίζεται;
ya poso kero THa pezete?

are there tickets for another day?
υπάρχουν θέσεις για κάποια άλλη μέρα;
iparhoon THesis ya kapia ali mera?

I'd like to go to a bar with some live music
θα ήθελα να πάω σ'ένα μπαρ με ζωντανή μουσική
THa iTHela na pao sena bar me zodani moosiki

are there any free concerts?
υπάρχουν συναυλίες με ελεύθερη είσοδο;
iparhoon sinavlies me elefTHeri isotho?

what sort of music is it?
τι είδους μουσική είναι;
ti ithoos moosiki ine?

Understanding

εκδοτήριο εισιτηρίων	box office
κινηματογράφος τέχνης	arthouse cinema
θερινός κινηματογράφος	open-air cinema
υπερπαραγωγή	blockbuster
ματινέ/πρωινή παράσταση	matinée
κρατήσεις	bookings
βγαίνει στους κινηματογράφους στις …	on general release from …

είναι μία υπαίθρια συναυλία
ine mia ipeTHria sinavlia
it's an open-air concert

πήρε πολύ καλές κριτικές
pire poli kales kritikes
it's had very good reviews

θα παίζεται από την επόμενη εβδομάδα
THa pezete apo tin epomeni evthomatha
it comes out next week

παίζεται στις οχτώ το απόγευμα στο Οντεόν
pezete stis ohto to apoyevma sto odeon
it's on at 8pm at the Odeon

τα εισιτήρια γι'αυτήν την παράσταση έχουν εξαντληθεί
ta isitiria yaftin tin parastasi ehoon exadliTHi
that showing's sold out

δεν υπάρχουν θέσεις έως …
then iparhoon THesis eos …
it's all booked up until …

δεν χρειάζεται να κάνεις κράτηση
then hriazete na kanis kratisi
there's no need to book in advance

η παράσταση διαρκεί μιάμιση ώρα μαζί με το διάλειμμα
i parastasi thiarki miamisi ora mazi me to thialima
the play lasts an hour and a half, including the interval

παρακαλείσθε να απενεργοποιήσετε τα κινητά σας
parakalisTHe na apenerghopiisete ta kinita sas
please turn off your mobile phones

PARTIES AND CLUBS

Expressing yourself

I'm having a little leaving party tonight
δίνω ένα πάρτι αποχαιρετισμού σήμερα το βράδυ
thino ena parti apoheretismoo simera to vrathi

should I bring something to drink?
να φέρω κανένα ποτό;
na fero kanena poto?

we could go to a club afterwards
μπορούμε να πάμε σ'ένα κλαμπ/κέντρο μετά
boroome na pame sena klab/kedro meta

do you have to pay to get in?
πρέπει να πληρώσουμε είσοδο;
prepi na plirosoome isotho?

I have to meet someone inside
πρέπει να συναντήσω κάποιον μέσα
prepi na sinadiso kapion mesa

will you let me back in when I come back?
θα με αφήσετε να ξαναμπώ όταν θα επιστρέψω;
THa me afisete na xanabo otan THa epistrepso?

the DJ's really cool
ο Ντι Τζέι είναι πολύ καλός
o di tzei ine poli kalos

do you come here often?
έρχεσαι εδώ συχνά;
erhese etho sihna?

can I buy you a drink?
μπορώ να σε κεράσω ένα ποτό;
boro na se keraso ena poto?

thanks, but I'm with my boyfriend
ευχαριστώ, αλλά είμαι με τον φίλο μου
efharisto, ala ime me ton filo moo

no thanks, I don't smoke
όχι, ευχαριστώ, δεν καπνίζω
ohi, efharisto, then kapnizo

Understanding

δωρεάν ποτό	free drink
υπαίθριος	open air
πανηγύρι	fete
γκαρνταρόμπα	cloakroom
επτά ευρώ μετά τα μεσάνυχτα	seven euros after midnight

γίνεται ένα πάρτι στης Άννας
ghinete ena parti stis anas
there's a party at Anna's place

θέλεις να χορέψεις;
THelis na horepsis?
do you want to dance?

έχεις φωτιά;
ehis fotia?
have you got a light?

έχεις ένα τσιγάρο;
ehis ena tsigharo?
have you got a cigarette?

μπορούμε να ξαναβρεθούμε;
boroome na xanavreTHoome?
can we see each other again?

μπορώ να σε συνοδεύσω;
boro na se sinothepso?
can I see you home?

TOURISM AND SIGHTSEEING

Greece's famed ancient civilization means that in most places you can find interesting archaeological sites. You will be able to pick up a variety of magazines or leaflets that have information on the opening hours of museums and galleries, most of which are open on Sundays but closed on one weekday. The opening hours of local tourist information offices vary, as do the services they offer. On certain days you can visit tourist attractions for free – ask in your town as this varies from place to place. Streetmaps are available from kiosks.

The basics

ancient	αρχαίος *arheos*
archaeological site	αρχαιολογικός χώρος *arheologhikos horos*
area	περιοχή *periohi*
castle	κάστρο *kastro*
cathedral	καθεδρικός ναός *kaTHethrikos naos*
century	αιώνας *eonas*
church	εκκλησία *eklisia*
exhibition	έκθεση *ekTHesi*
gallery	γκαλερί *galeri*
modern art	μοντέρνα τέχνη *moderna tehni*
monastery	μοναστήρι *monastiri*
monument	μνημείο *mnimio*
mosque	τζαμί *tzami*
museum	μουσείο *moosio*
old	παλαιός *paleos*
painting	ζωγραφική *zoghrafiki*
park	πάρκο *parko*
ruins	ερείπια *eripia*
sculpture	γλυπτική *ghliptiki*

statue	άγαλμα *aghalma*
streetmap	χάρτης *hartis*
synagogue	συναγωγή *sinaghoghi*
tour guide	ξεναγός *xenaghos*
tourist	τουρίστας *tooristas*
tourist information centre	γραφείο τουρισμού *ghrafio toorismoo*
town centre	κέντρο πόλης *kedro polis*

Expressing yourself

I'd like some information on …
θα ήθελα μερικές πληροφορίες για …
THa iTHela merikes plirofories ya …

can you tell me where the tourist information centre is?
μπορείτε να μου πείτε πού είναι το γραφείο τουρισμού;
borite na moo pite poo ine to ghrafio toorismoo?

do you have a streetmap of the town?
έχετε ένα χάρτη της πόλης;
ehete ena harti tis polis?

I was told there's an ancient temple you can visit
μου είπαν ότι υπάρχει ένας αρχαίος ναός που μπορεί κανείς να επισκεφτεί
moo ipan oti iparhi enas arheos naos poo bori kanis na episkefti

can you show me where it is on the map?
μπορείτε να μου δείξετε πού είναι στον χάρτη;
borite na moo thixete poo ine ston harti?

how do you get there?
πώς μπορώ να πάω εκεί;
pos boro na pao eki?

is it free?
είναι ελεύθερη η είσοδος;
ine elefTHeri i isothos?

when was it built?
πότε χτίσθηκε;
pote htisTHike?

Understanding

αρχαιολογικό μουσείο	archaeological museum
ελεύθερη είσοδος/δωρεάν	admission free
βυζαντινός	Byzantine
κλειστό	closed
ξενάγηση	guided tour
εισβολή	invasion
μεσαιωνικός	medieval
μινωϊκός	Minoan
μυκηναϊκός	Mycenean
παλιά πόλη	old town
ανοιχτό	open
ανακαίνηση	renovation
αναστήλωση	restoration work
ενετικός	Venetian
πόλεμος	war
είστε εδώ	you are here *(on a map)*

είναι του τρίτου αιώνα π.Χ.
ine too tritoo eona pro hristoo
it dates back to the third century BC

θα πρέπει να ρωτήσετε όταν φτάσετε εκεί
THa prepi na rotisete otan ftasete eki
you'll have to ask when you get there

η επόμενη ξενάγηση αρχίζει στις δύο το μεσημέρι
i epomeni xenaghisi arhizi stis thio to mesimeri
the next guided tour starts at 2 o'clock

MUSEUMS, EXHIBITIONS AND MONUMENTS

Expressing yourself

I've heard there's a very good exhibition on ... at the moment
άκουσα ότι υπάρχει μία πολύ καλή έκθεση για ... αυτό το καιρό
akoosa oti iparhi mia poli kali ekTHesi ya ... afto to kero

how much is it to get in?
πόσο κοστίζει η είσοδος;
poso kostizi i isothos?

is this ticket valid for the exhibition as well?
αυτό το εισιτήριο ισχύει και για την έκθεση;
afto to isitirio ishii ke ya tin ekTHesi?

are there any discounts for young people?
υπάρχει έκπτωση για τους νέους;
iparhi ekptosi ya toos neoos?

is it open on Sundays?
είναι ανοιχτά την Κυριακή;
ine anihta tin kiriaki?

two concessions and one full price, please
δύο μειωμένα κι ένα ολόκληρο, παρακαλώ
thio miomena ki ena olokliro, parakalo

I have a student card
έχω φοιτητική ταυτότητα
eho fititiki taftotita

Understanding

ηχογραφημένη ξενάγηση	audioguide
απαγορεύεται το φλας	no flash photography
απαγορεύεται η φωτογράφηση	no photography
μόνιμη έκθεση	permanent exhibition
πακαλείσθε να μην αγγίζετε	please do not touch
ησυχία παρακαλώ	silence, please
εποχιακή έκθεση	temporary exhibition
κατεύθυνση επίσκεψης	this way
γραφείο εισιτηρίων	ticket office

η είσοδος στο μουσείο κοστίζει …
i isothos sto moosio kostizi …
admission to the museum costs …

αυτό το εισιτήριο ισχύει και για την έκθεση
afto to isitirio ishii ke ya tin ekTHesi
this ticket also allows you access to the exhibition

έχετε φοιτητική ταυτότητα;
ehete fititiki taftotita?
do you have your student card?

GIVING YOUR IMPRESSIONS

Expressing yourself

it's beautiful
είναι όμορφο
ine omorfo

it's fantastic
είναι υπέροχο
ine iperoho

I really enjoyed it
πραγματικά το απόλαυσα
praghmatika to apolafsa

it was a bit boring
ήταν λίγο βαρετό
itan ligho vareto

I'm not really a fan of modern art
δεν μου αρέσει πολύ η μοντέρνα τέχνη
then moo aresi poli i moderna tehni

it isn't worth the money
δεν αξίζει τα λεφτά του
then axizi ta lefta too

it was really crowded
είχε πολύ κόσμο
ihe poli kozmo

it was beautiful
ήταν όμορφο
itan omorfo

it was fantastic
ήταν υπέροχο
itan iperoho

I didn't like it that much
δεν μου άρεσε και τόσο πολύ
then moo arese ke toso poli

it's very touristy
είναι πολύ τουριστικό
ine poli tooristiko

we didn't go in the end, the queue was too long
τελικά δεν μπήκαμε, η ουρά ήταν πολύ μεγάλη
telika then bikame, i oora itan poli meghali

we didn't have time to see everything
δεν είχαμε χρόνο να τα δούμε όλα
then ihame hrono na ta thoome ola

Understanding

διάσημος	famous
γραφικός	picturesque
παραδοσιακός	traditional
χαρακτηριστικός	typical

πρέπει οπωσδήποτε να πάτε να δείτε ...
prepi oposthipote na pate na thite ...
you really must go and see ...

σας συνιστώ να πάτε ...
sas sinisto na pate ...
I recommend going to ...

έχει μία υπέροχη θέα όλης της πόλης
ehi mia iperohi THea olis tis polis
there's a wonderful view over the whole city

έχει γίνει πολύ τουριστικό
ehi ghini poli tooristiko
it's become a bit too touristy

η ακτή έχει καταστραφεί τελείως
i akti ehi katastrafi telios
the coast has been completely ruined

TOURISM, SIGHTSEEING

SPORTS AND GAMES

The Greeks are passionate about football, particularly when there is a match between the two big teams Olympiakos and Panathinaikos. However, public facilities are quite poor, with most pitches being made of concrete. Basketball has become the main national sport – there are free facilities everywhere and it has more participants than football. Volleyball is also free in town, though there may be a charge for beach volleyball. There are few tennis courts, cycle paths or swimming pools, and the existing ones are usually part of private clubs or hotels. There are few ski resorts but they do conform to European standards. Walkers should get information from a local hiking club (**οδοιπορικός σύλλογος** *othiporikos siloghos*) or nature society before heading into the mountains. Except in a few national parks, there are no marked paths and maps are not always reliable.

The basics

ball	μπάλα *bala*
basketball	μπάσκετ *basket*
board game	επιτραπέζιο παιχνίδι *epitrapezio pehnithi*
canoe	κανό *kano*
cards	χαρτιά *hartia*
chess	σκάκι *skaki*
cycling	ποδηλασία *pothilasia*
diving	κατάδυση *katathisi*
downhill skiing	κατάβαση με σκι *katavasi me ski*
fishing	ψάρεμα *psarema*
football	ποδόσφαιρο *pothosfero*
hiking path	μονοπάτι *monopati*
horse riding	ιππασία *ipasia*
match	αγώνας *aghonas*, ματς *mats*
mountain biking	ορειβατική ποδηλασία *orivatiki pothilasia*
pedal boat	ποδήλατο θαλάσσης *pothilato THalasis*
pool *(game)*	μπιλιάρδο *biliartho*
rugby	ράγκμπυ *ragbi*

sailing	ιστιοπλοΐα *istioploia*
ski	σκι *ski*
snowboarding	σνόου μπόουρντινγκ *snooo booording*
sport	σπορ *spor*
surfing	κυματοδρομία *kimatothromia*, σέρφινγκ *serfing*
swimming	κολύμβηση *kolimvisi*
swimming pool	πισίνα *pisina*
table football	ποδοσφαιράκια *pothosferakia*
tennis	τένις *tenis*
trip	εκδρομή *ekthromi*
volleyball	βόλεϋ *volei*
to go hiking	κάνω πεζοπορία *kano pezoporia*
to have a game of ...	παίζουμε ένα παιχνίδι ... *pezoome ena pehnithi ...*
to play	παίζω *pezo*

Understanding

I'd like to hire ... for an hour
θα ήθελα να νοικιάσω ... για μία ώρα
THa iTHela na nikiaso ... ya mia ora

are there ... lessons available?
μπορούμε να κάνουμε μαθήματα ...;
boroome na kanoome maTHimata ...?

how much is it per person per hour?
πόσο κοστίζει η ώρα κατ'άτομο;
poso kostizi i ora katatomo?

I'm not very sporty
δεν είμαι αθλητικός τύπος
then ime aTHlitikos tipos

I've never done it before
δεν έχω ξανακάνει
then eho xanakani

I've done it once or twice, a long time ago
το έχω ξανακάνει μία δύο φορές, πριν από πολύ καιρό
to eho xanakani mia thio fores prin apo poli kero

I'm exhausted!
είμαι πτώμα!
ime ptoma!

I'd like to go and watch a football match
θα ήθελα να πάω να δω έναν αγώνα /ματς ποδοσφαίρου
THa iTHela na pao na tho enan aghona/mats pothosferoo

shall we stop for a picnic?   **we played …**
να σταματήσουμε για ένα πικ-νικ;   παίξαμε …
na stamatisoome ya ena piknik?   *pexame …*

where can we go to fish?
πού μπορούμε να πάμε για ψάρεμα;
poo boroome na pame ya psarema?

Understanding

ενοικιάζεται   … for hire

έχετε ξανακάνει ή είστε τελείως αρχάριος;
ehete xanakani i iste telios arharios?
do you have any experience, or are you a complete beginner?

πρέπει να δώσετε μια προκαταβολή …
prepi na thosete mia prokatavoli …
there is a deposit of …

η ασφάλεια είναι υποχρεωτική και κοστίζει …
i asfalia ine ipohreotiki ke kostizi …
insurance is compulsory and costs …

HIKING

Expressing yourself

are there any hiking paths around here?
υπάρχουν μονοπάτια για πεζοπορία εδώ γύρω;
iparhoon monopatia ya pezoporia etho ghiro?

can you recommend any good walks in the area?
μπορείτε να μου προτείνετε κάποιες καλές διαδρομές στην περιοχή;
borite na moo protinete kapies kales thiathromes stin periohi?

I've heard there's a nice walk by the lake
άκουσα ότι υπάρχει μια ωραία διαδρομή κοντά στη λίμνη
akoosa oti iparhi mia orea thiathromi koda sti limni

we're looking for a short walk somewhere round here
θα θέλαμε να πάμε για ένα σύντομο περίπατο εδώ πάμε
THa THelame na pame ya ena sidomo peripato etho ghiro

can I hire hiking boots?
μπορώ να νοικιάσω παπούτσια πεζοπορίας;
boro na nikiaso papootsia pezoporias?

how long does the hike take?
πόση ώρα διαρκεί η πεζοπορία;
posi ora thiarki i pezoporia?

is it very steep?
είναι πολύ απότομα;
ine poli apotoma?

where's the start of the path?
πού είναι η αρχή του μονοπατιού;
poo ine i arhi too monopatioo?

is the path waymarked?
υπάρχει σήμανση στο μονοπάτι;
iparhi simansi sto monopati?

is it a circular path?
είναι ένα κυκλικό μονοπάτι;
ine ena kikliko monopati?

Understanding

μέσης διάρκειας average duration *(of walk)*

η πεζοπορία διαρκεί τρεις ώρες μαζί με στάσεις
i pezoporia thiarki tris ores mazi me stasis
it's about three hours' walk including rest stops

φέρτε αδιάβροχο και παπούτσια πεζοπορίας
ferte athiavroho ke papootsia pezoporias
bring a waterproof jacket and some walking shoes

SKIING AND SNOWBOARDING

Expressing yourself

I'd like to hire skis, poles and boots
θα ήθελα να νοικιάσω χιονοπέδιλα, μπαστούνια και μπότες
THa iTHela na nikiaso hionopethila, bastoonia ke botes

I'd like to hire a snowboard
θα ήθελα να νοικιάσω ένα σνόουμπόρντ/μία χιονοσανίδα
THa iTHela na nikiaso ena snooobord/mia hionosanitha

they're too big/small είναι πολύ μεγάλα/μικρά *ine poli meghala/mikra*	**a day pass** ένα εισιτήριο για μία μέρα *ena isitirio ya mia mera*

I'm a complete beginner
είμαι τελείως αρχάριος
ime telios arharios

Understanding

εναέριο κάθισμα	chair lift
λιφτ πας	lift pass
χιονοδρομικός αναβατήρας/ τελεφερίκ	ski lift

OTHER SPORTS

Expressing yourself

where can we hire bikes?
πού μπορούμε να νοικιάσουμε ποδήλατα;
poo boroome na nikiasoome pothilata?

are there any cycle paths?
υπάρχουν ποδηλατόδρομοι;
iparhoon pothilatothromi?

does anyone have a football?
έχει κανείς μία μπάλα ποδοσφαίρου;
ehi kanis mia bala pothosferoo?

which team do you support?
ποιά είναι η ομάδα σου;
pia ine i omatha soo?

I support ...
υποστηρίζω ...
ipostirizo ...

is there an open-air swimming pool?
υπάρχει κάποια υπαίθρια πισίνα;
iparhi kapia ipeTHria pisina?

I've never been diving before
δεν έχω ξανακάνει καταδύσεις
then eho xanakani katathisis

I'd like to take beginners' sailing lessons
θα ήθελα να κάνω μαθήματα ιστιοπλοΐας για αρχάριους
THa iTHela na kano maTHimata istioploias ya arharioos

I run for half an hour every morning
τρέχω μισή ώρα κάθε πρωί
treho misi ora kaTHe proi

what do I do if the kayak capsizes?
τι κάνω αν αναποδογυρίσει το καγιάκ;
ti kano an anapothoghirisi to kayak?

Understanding

υπάρχει ένα δημόσιο γήπεδο του τέννις κοντά στο σταθμό
iparhi ena thimosio ghipetho too tenis koda sto staTHmo
there's a public tennis court not far from the station

το γήπεδο του τένις είναι κατειλημμένο
to ghipetho too tenis ine katilimeno
the tennis court's occupied

είναι η πρώτη φορά που κάνετε ιππασία;
ine i proti fora poo kanete ipasia?
is this the first time you've been horse-riding?

ξέρετε κολύμπι;
xerete kolibi?
can you swim?

παίζετε μπάσκετ;
pezete basket?
do you play basketball?

INDOOR GAMES

Expressing yourself

shall we have a game of cards?
παίζουμε χαρτιά;
pezoome hartia?

does anyone know any good card games?
μήπως ξέρει κανείς ένα καλό παιχνίδι με χαρτιά;
mipos xeri kanis ena kalo pehnithi me hartia?

is anyone up for a game of Monopoly®?
θέλει κανείς να παίξει Μονόπολυ;
THeli kanis na pexi monopoli?

it's your turn
είναι η σειρά σου
ine i sira soo

Understanding

ξέρετε να παίζετε σκάκι;
xerete na pezete skaki?
do you know how to play chess?

έχετε μια τράπουλα;
ehete mia trapoola?
do you have a pack of cards?

Some informal expressions

είμαι ψόφιος *ime psofios* I'm absolutely knackered
με ξετίναξε *me xetinaxe* he totally thrashed me

SHOPPING

Shops are generally open from 9am to 3pm on Mondays, Wednesdays and Saturdays and from 9am to 3pm and 5pm to 8pm on Tuesdays, Thursdays and Fridays. Supermarkets, such as *Vassilipoulos*, *Carrefour-Marinopoulos* and *Veropoulos*, are open Monday to Friday from 9am to 8pm. There are also plenty of small grocery shops which stay open late. Note that small local shops rarely take credit cards and it is very rare in Greece to get a refund on goods; you may however be allowed to exchange the item if you have the receipt.

The basics

bakery	φούρνος *foornos*
butcher's	κρεοπωλείο *kreopolio*
cash desk	ταμείο *tamio*
cheap	φτηνό *ftino*
checkout	ταμείο *tamio*
clothes	ρούχα *rooha*
department store	πολυκατάστημα *polikatastima*
expensive	ακριβό *akrivo*
gram	γραμμάριο *ghramario*
greengrocer's	μανάβικο *manaviko*
kilo	κιλό *kilo*
present	δώρο *thoro*
price	τιμή *timi*
receipt	απόδειξη *apothixi*
refund	επιστροφή χρημάτων *epistrofi hrimaton*
sales assistant	πωλητής *politis*
sales	εκπτώσεις *ekptosis*
shop	μαγαζί *maghazi*
shopping centre	εμπορικό κέντρο *eboriko kedro*
souvenir	σουβενίρ *soovenir*
supermarket	σούπερ-μάρκετ *sooper-market*
to buy	αγοράζω *aghorazo*

to cost	κοστίζω *kostizo*
to pay	πληρώνω *plirono*
to sell	πουλώ *poolo*

Expressing yourself

is there a supermarket near here?
υπάρχει σούπερ-μάρκετ εδώ κοντά;
iparhi sooper-market etho koda?

where can I buy cigarettes?
πού μπορώ ν'αγοράσω τσιγάρα;
poo boro naghoraso tsighara?

I'd like ...
θα ήθελα ...
THa iTHela ...

I'm looking for ...
ψάχνω για ...
psahno ya ...

do you sell ...?
πουλάτε ...;
poolate ...?

do you know where I might find some ...?
ξέρετε πού μπορώ να βρω ...;
xerete poo boro na vro ...?

can you order it for me?
μπορείτε να μου το παραγγείλετε;
borite na moo to paragilete?

how much is this?
πόσο κάνει;
poso kani?

I'll take it
θα το πάρω
THa to paro

I haven't got much money
δεν έχω πολλά χρήματα
then eho pola hrimata

I haven't got enough money
δεν έχω αρκετά χρήματα
then eho arketa hrimata

that's everything, thanks
τίποτ'άλλο, ευχαριστώ
tipotalo, efharisto

can I have a (plastic) bag?
μπορώ να έχω μία (πλαστική) τσάντα;
boro na eho mia (plastiki) tsada?

I think you've made a mistake with my change
νομίζω ότι κάνατε λάθος τα ρέστα μου
nomizo oti kanate laTHos ta resta moo

Understanding

κλειστό την Κυριακή/από τις
μια μ.μ. μέχρι τις τρεις μ.μ.

closed Sundays/1pm to 3pm

ανοιχτό από τις ... μέχρι τις
ειδική προσφορά
εκπτώσεις

open from … to …
special offer
sales

τίποτ'άλλο;
tipotalo?
will there be anything else?

θα θέλατε μια σακούλα;
THa THelate mia sakoola?
would you like a bag?

PAYING

Expressing yourself

where do I pay?
πού μπορώ να πληρώσω;
poo boro na pliroso?

how much do I owe you?
τι σας οφείλω;
ti sas ofilo?

could you write it down for me, please?
μπορείτε να μου το γράψετε σ'ενα χαρτί, παρακαλώ;
borite na moo to ghrapsete sena harti, parakalo

can I pay by credit card?
μπορώ να πληρώσω με πιστωτική κάρτα;
boro na pliroso me pistotiki karta?

I'll pay in cash
θα πληρώσω μετρητοίς
THa pliroso metritis

I'm sorry, I haven't got any change
λυμάμαι, δεν έχω ψιλά
ipame, then eho psila

can I have a receipt?
μπορώ να έχω την απόδειξη;
boro na eho tin apothixi?

Understanding

πληρώστε στο ταμείο

pay at the cash desk

πώς θέλετε να πληρώσετε;
pos THelete na plirosete?
how would you like to pay?

δεν έχετε καθόλου ψιλά;
then ehete kaTHoloo psila?
do you have anything smaller?

έχετε ταυτότητα;
ehete taftotita?
have you got any ID?

μπορείτε να υπογράψετε εδώ, παρακαλώ;
borite na ipoghrapsete etho, parakalo?
could you sign here, please?

FOOD

Expressing yourself

where can I buy food around here?
πού μπορώ ν'αγοράσω φαγητό εδώ κοντά;
poo boro naghoraso faghito etho koda?

is there a market?
υπάρχει αγορά;
iparhi aghora?

is there a bakery around here?
υπάρχει φούρνος εδώ κοντά;
iparhi foornos etho koda?

I'm looking for the cereal aisle
ψάχνω για τα δημητριακά
psahno ya ta thimitriaka

I'd like five slices of ham
θα ήθελα πέντε φέτες ζαμπόν
THa iTHela pede fetes zabon

I'd like some of that goat's cheese
θα ήθελα λίγο από αυτό το κατσικίσιο τυρί
THa iTHela ligho apo afto to katsikisio tiri

PHOTOS

it's for four people
είναι για τέσσερα άτομα
ine ya tesera atoma

about 300 grams
τριακόσια γραμμάρια περίπου
triakosia ghramaria peripoo

a kilo of apples, please
ένα κιλό μήλα, παρακαλώ
ena kilo mila, parakalo

a bit less/more
λίγο λιγότερο/περισσότερο
ligho lighotero/perisotero

can I taste it?
μπορώ να το δοκιμάσω;
boro na to thokimaso?

does it travel well?
μεταφέρεται εύκολα;
metaferete efkola?

Understanding

ανάλωση πριν από ...   best before …
ντελικατέσεν   delicatessen
σπιτικό   homemade
τοπικές σπεσιαλιτέ   local specialities
βιολογικό   organic

υπάρχει αγορά κάθε μέρα μέχρι τις μία το μεσημέρι
iparhi aghora kaTHE mera mehri tis mia to mesimeri
there's a market every day until 1pm

υπάρχει μανάβικο στην γωνία, ανοιχτό ως αργά
iparhi manaviko stin ghonia, anihto os argha
there's a grocer's just on the corner that's open late

CLOTHES

Expressing yourself

I'm looking for the menswear section
ψάχνω για τα ανδρικά
psahno ya ta anthrika

no thanks, I'm just looking
όχι ευχαριστώ, απλώς κοιτάω
ohi efharisto, aplos kitao

can I try it on?
μπορώ να το δοκιμάσω;
boro na to thokimaso?

I'd like to try the one in the window
θα ήθελα να δοκιμάσω αυτό στην βιτρίνα
THa iTHela na thokimaso afto stin vitrina

I take a size 39 *(in shoes)*
φοράω τριάντα εννιά νούμερο
forao triada enia noomero

where are the changing rooms?
πού είναι το δοκιμαστήριο;
poo ine to thokimastirio?

it doesn't fit
δεν μου κάνει
then moo kani

it's too big/small
είναι πολύ μεγάλο/μικρό
ine poli meghalo/mikro

do you have it in another colour?
το έχετε σε άλλο χρώμα;
to ehete se alo hroma?

do you have it in a smaller/bigger size?
το έχετε σε μικρότερο/μεγαλύτερο νούμερο;
to ehete se mikrotero/meghalitero noomero?

do you have them in red?
τα έχετε σε κόκκινο;
ta ehete se kokino?

yes, that's fine, I'll take them
ναι, είναι εντάξει, θα τα πάρω
ne, ine edaxi, THa ta paro

no, I don't like it
όχι, δεν μου αρέσει
ohi, then moo aresi

I'll think about it
θα το σκεφτώ
THa to skefto

I'd like to return this, it doesn't fit
θα ήθελα να το επιστρέψω αυτό, δεν μου κάνει
THa iTHela na to epistrepso afto, then moo kani

this ... has a hole in it, can I get a refund?
... έχει μία τρύπα, μπορείτε να μου επιστρέψετε τα χρήματα;
... ehi mia tripa, borite na moo epistrepsete ta hrimata?

Understanding

δοκιμαστήριο	changing room
παιδικά	children's clothes
γυναικεία	ladieswear
ανδρικά	menswear
ανοιχτό την Κυριακή	open Sunday

οι προσφορές δεν επιστρέφονται	sale items cannot be returned

γειά σας, μπορώ να σας βοηθήσω;
ya sas, boro na sas voiTHiso?
hello, can I help you?

το έχουμε μόνο σε μπλε ή σε μαύρο
to ehoome mono se ble i se mavro
we only have it in blue or black

δεν έχουμε τίποτα σε αυτό το μέγεθος
then ehoome tipota se afto to meyeTHos
we don't have any left in that size

σας πάει	**έχει καλή εφαρμογή**
sas pai	*ehi kali efarmoghi*
it suits you	it's a good fit

μπορείτε να το επιστρέψετε αν δεν σας κάνει
borite na to epistrepsete an then sas kani
you can bring it back if it doesn't fit

SOUVENIRS AND PRESENTS

Expressing yourself

I'm looking for a present to take home
ψάχνω για ένα δώρο να το πάρω μαζί μου
psahno ya ena thoro na to paro mazi moo

I'd like something that's easy to transport
θα ήθελα κάτι που να μεταφέρεται εύκολα
THa iTHela kati poo na metaferete efkola

It's for a little girl of four
είναι για ένα κοριτσάκι τεσσάρων χρονών
ine ya ena koritsaki tesaron hronon

could you gift-wrap it for me?
μπορείτε να μου το διπλώσετε;
borite na moo to thiplosete?

Understanding

χειροποίητο	handmade
βαμβακερό/μάλινο/ασημένιο/	made of cotton/wool/silver/gold/wood
χρυσό/ξύλινο	
παραδοσιακό	traditionally made product

πόσα διαθέτετε;
posa thiaTHetete?
how much do you want to spend?

είναι για δώρο;
ine ya thoro?
is it for a present?

είναι χαρακτηριστικό της περιοχής
ine haraktiristiko tis periohis
it's typical of the region

Some informal expressions

είναι πανάκριβο *ine panakrivo* that's a rip-off!
δεν έχω μία *then eho mia* I'm skint
κοστίζει τα μαλιά της κεφαλής μου *kostizi ta malia tis kefalis moo* it
costs an arm and a leg
είναι τζάμπα *ine tzaba* it's a real bargain
τρομερές εκπτώσεις *tromeres ekptosis* prices slashed

SHOPPING

PHOTOS	

There are plenty of photo shops in Greece, most of them run by professional photographers, so you can have a portrait or passport photos taken professionally and at a competitive price. Having photos developed is cheaper in Greece than in Britain and you can easily find places handling digital photos as well, especially in large towns.

The basics

black and white	ασπρόμαυρος
camera	φωτογραφική μηχανή *fotoghrafiki mihani*
colour	χρώμα *hroma*
copy	αντίγραφο *adighrafo*
digital camera	ψηφιακή φωτογραφική μηχανή *psifiaki fotoghrafiki mihani*
disposable camera	φωτογραφική μηχανή μίας χρήσης *fotoghrafiki mihani mias hrisis*
exposure	έκθεση *ekTHesi*
film	φιλμ *film*
flash	φλας *flas*
glossy	γυαλιστερό *yalistero*
matte	ματ *mat*
memory card	κάρτα μνήμης *karta mnimis*
negative	αρνητικό *arnitiko*
passport photo	φωτογραφία διαβατηρίου *fotoghrafia thiavatirioo*
photo booth	φωτογραφικός θάλαμος *fotoghrafikos THalamos*
reprint	επανεκτύπωση *epanektiposi*
slide	σλάιντ *slaid*, διαφάνεια *thiafania*
to get photos developed	εμφανίζω τις φωτογραφίες *emfanizo tis fotoghrafies*
to take a photo/ photos	βγάζω φωτογραφία/φωτογραφίες *vghazo fotoghrafia/fotoghrafies*

Expressing yourself

could you take a photo of us, please?
μπορείτε να μας βγάλετε μια φωτογραφία, παρακαλώ;
borite na mas vghalete mia fotoghrafia, parakalo?

you just have to press this button
απλώς πατήστε αυτό το κουμπί
aplos patiste afto to koobi

I'd like a 200 ASA colour film
θα ήθελα ένα έγχρωμο φιλμ διακοσίων ΑΣΑ
THa iTHela ena enhromo film thiakosion ASA

do you have black and white films?
έχετε ασπρόμαυρα φιλμς;
ehete aspromavra films?

how much is it to develop a film of 36 photos?
πόσο κοστίζει η εμφάνιση ενός τριανταεξάρι φιλμ;
poso kostizi i emfanisi enos triadaexari film?

I'd like to have this film developed
θα ήθελα να εμφανίσω αυτό το φιλμ
THa iTHela na emfaniso afto to film

I'd like extra copies of some of the photos
θα ήθελα μερικά αντίγραφα από μερικές φωτογραφίες
THa iTHela merika adighrafa apo merikes fotoghrafies

three copies of this one and two of this one
τρία αντίγραφα από αυτή και άλλα δύο από αυτή
tria adighrafa apo afti ke ala thio apo afti

can I print my digital photos here?
μπορώ να τυπώσω τις ψηφιακές μου φωτογραφίες εδώ;
boro na tiposo tis psifiakes moo fotoghrafies etho?

can you put these photos on a CD for me?
μπορείτε να βάλετε αυτές τις φωτογραφίες σε ένα σιντί για μένα;
borite na valete aftes tis fotoghrafies se ena sidi ya mena?

I've come to pick up my photos
ήρθα να πάρω τις φωτογραφίες μου
irTHa na paro tis fotoghrafies moo

I've got a problem with my camera
έχω ένα πρόβλημα με την φωτογραφική μου μηχανή
eho ena provlima me tin fotoghrafiki moo mihani

I don't know what it is
δεν ξέρω τι είναι
then xero ti ine

the flash doesn't work
δεν δουλεύει το φλας
then thoolevi to flas

Understanding

εμφάνιση σε μία ώρα	photos developed in one hour
κανονικό μέγεθος	standard format
ταχεία εξυπηρέτηση	express service
φωτογραφίες σε σιντί	photos on CD

ίσως να τελείωσε η μπαταρία
isos na teliose i bataria
maybe the battery's dead

έχουμε ένα μηχάνημα για την εκτύπωση ψηφιακών φωτογραφιών
ehoome ena mihanima ya tin ektiposi psifiakon fotoghrafion
we have a machine for printing digital photos

σε ποιό όνομα, παρακαλώ;
se pio onoma parakalo?
what's the name, please?

πότε τις θέλετε έτοιμες;
pote tis THelete etimes?
when do you want them for?

μπορούμε να τις εμφανίσουμε σε μία ώρα
boroome na tis emfanisoome se mia ora
we can develop them in an hour

οι φωτογραφίες σας θα είναι έτοιμες την Πέμπτη το μεσημέρι
i fotoghrafies sas THa ine etimes tin pempti to mesimeri
your photos will be ready on Thursday at noon

BANKS

Banks are generally open from 8am to 2pm Monday to Thursday, and from 8am to 1pm on Fridays.

The basics

bank	τράπεζα *trapeza*
bank account	λογαριασμός τραπέζης *loghariasmos trapezis*
banknote	χαρτονόμισμα *hartonomisma*
bureau de change	ανταλλακτήριο συναλλάγματος *adalaktirio sinalaghmatos*
cashpoint	μηχάνημα ανάληψης *mihanima analipsis*
cheque	επιταγή *epitaghi*, τσεκ *tsek*
coin	κέρμα *kerma*
commission	προμήθεια *promiTHia*
credit card	πιστωτική κάρτα *pistotiki karta*
PIN (number)	πιν *pin*, προσωπικός αριθμός *prosopikos ariTHmos*
Travellers Cheques®	ταξιδιωτικές επιταγές *taxithiotikes epitayes*
withdrawal	ανάληψη *analipsi*
to change	αλλάζω *alazo*
to transfer	μεταβίβαση *metavivasi*
to withdraw	κάνω ανάληψη *kano analipsi*, σηκώνω χρήματα *sikono hrimata*

Expressing yourself

where can I get some money changed?
πού μπορώ ν'αλλάξω χρήματα;
poo boro nalaxo hrimata?

are banks open on Saturdays?
είναι οι τράπεζες ανοιχτές το Σάββατο;
ine i trapezes anihtes to savato?

I'm looking for a cashpoint
ψάχνω για ένα μηχάνημα ανάληψης
psahno ya ena mihanima analipsis

I'd like to change £100
θα ήθελα ν'αλλάξω εκατό αγγλικές λίρες
THa iTHela nalaxo ekato anglikes lires

what commission do you charge?
πόση προμήθεια χρεώνετε;
posi promiTHia hreonete?

I'd like to transfer some money
θα ήθελα να μεταφέρω μερικά χρήματα
THa iTHela na metafero merika hrimata

I'd like to report the loss of my credit card
θα ήθελα να δηλώσω την απώλεια της πιστωτικής μου κάρτας
THa iTHela na thiloso tin apolia tis pistotikis moo kartas

the cashpoint has swallowed my card
το μηχάνημα κράτησε την κάρτα μου
to mihanima kratise tin karta moo

Understanding

παρακαλώ εισάγετε την κάρτα σας
please insert your card

παρακαλώ πληκτρολογήστε τον προσωπικό σας αριθμό
please enter your PIN number

παρακαλώ επιλέξτε το ποσό ανάληψης
please select amount for withdrawal

ανάληψη/συναλλαγή με απόδειξη
withdrawal with receipt

ανάληψη/συναλλαγή χωρίς απόδειξη
withdrawal without receipt

παρακαλώ επιλέξτε το ποσό που επιθυμείτε
please select the amount you require

εκτός λειτουργίας
out of service

POST OFFICES

(i)

Post offices are open from 8.30am to 2pm and are closed on Saturdays, except for the main offices in Athens (the Omonia and Syntagma branches). You can buy stamps from kiosks.

The basics

airmail	αεροπορικώς *aeroporikos*
envelope	φάκελος *fakelos*
letter	γράμμα *ghrama*
mail	αλληλογραφία *aliloghrafia*
parcel	δέμα *thema*
post	ταχυδρομείο *tahithromio*
postbox	γραμματοκιβώτιο *ghramatokivotio*
postcard	κάρτα *karta*
postcode	ταχυδρομικός κώδικας *tahithromikos kothikas*
post office	ταχυδρομείο *tahithromio*
stamp	γραμματόσημο *ghramatosimo*
to post	ταχυδρομώ *tahithromo*
to send	στέλνω *stelno*
to write	γράφω *ghrafo*

Expressing yourself

is there a post office around here?
υπάρχει ταχυδρομείο εδώ κοντά;
iparhi tahithromio etho koda?

is there a postbox near here?
υπάρχει γραμματοκιβώτιο εδώ κοντά;
iparhi ghramatokivotio etho koda?

is the post office open on Saturdays?
είναι το ταχυδρομείο ανοιχτό το Σάββατο;
ine to tahithromio anihto to savato?

what time does the post office close?
τι ώρα κλείνει το ταχυδρομείο;
ti ora klini to tahithromio?

do you sell stamps?
πουλάτε γραμματόσημα;
poolate ghramatosima?

I'd like … stamps for the UK, please
θα ήθελα … γραμματόσημα για την Αγγλία, παρακαλώ
THa iTHela … ghramatosima ya tin anglia, parakalo

how long will it take to arrive?
σε πόσες μέρες θα φτάσει;
se poses meres Tha ftasi?

where can I buy envelopes?
από πού μπορώ ν'αγοράσω φακέλους;
apo poo boro naghoraso fakeloos?

is there any post for me?
έχω κανένα γράμμα;
eho kanena ghrama?

Understanding

εύθραυστο	fragile
παραλήπτης	recipient
αποστολέας	sender

θα πάρει τρεις με πέντε μέρες
THa pari tris me pede meres
it'll take between three and five days

INTERNET CAFÉS AND E-MAIL

The QWERTY keyboard is used in Greece, but you will need to press Alt + SHIFT to get the Roman alphabet. You can find Internet cafés almost everywhere.

INTERNET CAFÉS, E-MAIL

The basics

at sign	παπάκι *papaki*
e-mail	ιμέιλ *imeil*, ηλεκτρονικό ταχυδρομείο *ilektroniko tahithromio*
e-mail address	ηλεκτρονική διεύθυνση *ilektroniki thiefTHinsi*
Internet café	ίντερνετ καφέ *internet kafe*
key	πλήκτρο *pliktro*
keyboard	πληκτρολόγιο *pliktrologhio*
to copy	αντιγράφω *adighrafo*
to cut	απαλοίφω *apalifo*
to delete	διαγράφω *thiaghrafo*
to download	κατεβάζω αρχεία *katevazo arhia*
to paste	επικολώ *epikolo*
to receive	δέχομαι *thehome*
to save	αποθηκεύω *apoTHikevo*
to send an e-mail	στέλνω ένα ιμέιλ *stelno ena imeil*
to e-mail somebody	στέλνω ιμέιλ σε κάποιον *stelno imeil se kapion*

Expressing yourself

is there an Internet café near here?
υπάρχει κάποιο ίντερνετ καφέ εδώ κοντά;
iparhi kapio internet kafe etho koda?

do you have an e-mail address?
έχετε ιμέιλ;
ehete imeil?

96

how do I get online?
πώς μπορώ να συνδεθώ;
pos boro na sintheTHo?

I'd just like to check my e-mails
θα ήθελα απλώς να δω τα ιμέιλς μου
THa iTHela aplos na tho ta imeils moo

would you mind helping me, I'm not sure what to do
θα μπορούσατε να με βοηθήσετε, δεν είμαι σίγουρος τι πρέπει να κάνω
THa boroosate na me voiTHisete, then ime sighooros ti prepi na kano

I can't find the at sign on this keyboard
δεν μπορώ να βρω το παπάκι στο πληκτρολόγιο
then boro na vro to papaki sto pliktrologhio?

it's not working
δεν δουλεύει
then thoolevi

there's something wrong with the computer, it's frozen
κάτι δεν πάει καλά με το κομπιούτερ, έχει κολλήσει
kati then pai kala me to kobiooter, ehi kolisi

how much will it be for half an hour?
πόσο θα κοστίσει για μισή ώρα;
poso THa kostisi ya misi ora?

when do I pay?
πότε πρέπει να πληρώσω;
pote prepi na pliroso?

Understanding

εισερχόμενα   inbox
εξερχόμενα   outbox

θα πρέπει να περιμένετε είκοσι λεπτά ή και περισσότερο
THa prepi na perimenete ikosi lepta i ke perisotero
you'll have to wait for 20 minutes or so

μπορείτε να ρωτήσετε αν δεν είστε σίγουρος τι να κάνετε
borite na rotisete an then iste sighooros ti na kanete
just ask if you're not sure what to do

εισάγετε αυτό τον κωδικό για να συνδεθείτε
isayete afto ton kothiko ya na sintheTHite
just enter this password to log on

TELEPHONE

You can buy phone cards from the yellow kiosks on street corners and from some grocery stores. You can call from **OTE** (**Οργανισμός Τηλεπικοινωνιών Ελλάδος** *Greek Telecommunications Organization*) or from pay phones which are also found at the yellow kiosks. You can find everything you need for your mobile phone or buy phone cards in shops like **Germanos** and **Cosmote**.

To call the UK from Greece, dial 00 44 followed by the phone number, including the area code but omitting the first zero. The international dialling code for Ireland is 00 353, and for the US and Canada it is 001. To call Greece from abroad, dial 00 30 followed by the ten-digit phone number.

The basics

answering machine	τηλεφωνητής *tilefonitis*
call	τηλεφώνημα *tilefonima*
directory enquiries	πληροφορίες καταλόγου *plirofories kataloghoo*
hello	(person calling) γειά σας *ya sas*; (person answering) παρακαλώ *parakalo*, λέγετε *leyete*
international call	διεθνές τηλεφώνημα *thieTHnes tilefonima*
local call	τοπικό τηλεφώνημα *topiko tilefonima*
message	μήνυμα *minima*
mobile	κινητό *kinito*
national call	υπεραστικό τηλεφώνημα *iperastiko tilefonima*
phone	τηλεφωνώ *tilefono*
phone book	τηλεφωνικός κατάλογος *tilefonikos kataloghos*
phone box	τηλεφωνικός θάλαμος *tilefonikos THalamos*
phone call	τηλεφώνημα *tilefonima*
phonecard	τηλεκάρτα *tilekarta*
phone number	αριθμός τηλεφώνου *ariTHmos tilefonoo*
ringtone	ήχος τηλεφώνου *ihos tilefonoo*
telephone	τηλέφωνο *tilefono*
top-up card	κάρτα χρονοχρέωσης *karta hronohreosis*
Yellow Pages ®	Χρυσός Οδηγός *hrisos othighos*
to call somebody	τηλεφωνώ σε κάποιον *tilefono se kapion*

Expressing yourself

where can I buy a phonecard?
από πού μπορώ ν'αγοράσω μία τηλεκάρτα;
apo poo boro naghoraso mia tilekarta?

a ...-euro top-up card, please
μια κάρτα χρονοχρέωσης των ... ευρώ, παρακαλώ
mia karta hronohreosis ton ... evro, parakalo

I'd like to make a reverse-charge call
θα ήθελα να κάνω ένα τηλεφώνημα με χρέωση του καλούμενου
THa iTHela na kano ena tilefonima me hreosi too kaloomenoo

is there a phone box near here, please?
υπάρχει τηλεφωνικός θάλαμος εδώ κοντά, παρακαλώ;
iparhi tilefonikos THalamos etho koda, parakalo?

can I plug my phone in here to recharge it?
μπορώ να φορτίσω το τηλέφωνό μου εδώ;
boro na fortiso to tilefono moo etho?

do you have a mobile number?
έχεις κινητό;
ehis kinito?

where can I contact you?
πού μπορώ να σε βρω;
poo boro na se vro?

did you get my message?
πήρες το μήνυμά μου;
pires to minima moo?

Understanding

ο αριθμός που καλέσατε δεν αντιστοιχεί σε συνδρομητή
o ariTHmos poo kalesate then adistihi se sinthromiti
the number you have dialled has not been recognized

παρακαλώ πατήστε την δίεση
parakalo patiste tin thiesi
please press the hash key

δέχεται κέρματα των ...ευρώ
thehete kermata ton ...evro
it accepts ...-euro coins

99

MAKING A CALL

Expressing yourself

hello, this is David Brown (speaking)
γειά σας, είμαι ο Ντέιβιντ Μπράουν
ya sas, ime o deivid braoon

hello, could I speak to ..., please?
γειά σας, θα μπορούσα να μιλήσω με τον/την ..., παρακαλώ;
ya sas, THa boroosa na miliso me ton/tin ..., parakalo?

hello, is that Maria?
γειά σας, είστε η Μαρία;
ya sas, iste i maria?

do you speak English?
μιλάτε Αγγλικά;
milate anglika?

could you speak more slowly, please?
μπορείτε να μιλάτε πιο αργά, παρακαλώ;
borite na milate pio argha, parakalo?

I can't hear you, could you speak up, please?
δεν σας ακούω, μπορείτε να μιλήσετε πιο δυνατά, παρακαλώ;
then sas akooo, borite na milisete pio thinata parakalo?

could you tell him/her I called?
μπορείτε να του/της πείτε ότι τηλεφώνησα;
borite na too/tis pite oti tilefonisa?

could you ask him/her to call me back?
μπορείτε να του/της πείτε να με πάρει τηλέφωνο;
borite na too/tis pite na me pari tilefono?

I'll call back later
θα ξαναπάρω αργότερα
THa xanaparo arghotera

my name is ... and my number is ...
τ'όνομά μου είναι ... και το τηλέφωνό μου είναι ...
tonoma moo ine ... ke to tilefono moo ine ...

do you know when he/she might be available?
ξέρετε πότε θα είναι ελεύθερος/ελεύθερη;
xerete pote THa ine elefTHeros/elefTHeri?

thank you, goodbye
ευχαριστώ, αντίο σας
efharisto, adio sas

Understanding

τηλέφωνο δουλειάς   work (number)
τηλέφωνο σπιτιού   home (number)
κινητό τηλέφωνο   mobile (number)

ποιός είναι;
pios ine?
who's calling?

πήρατε λάθος αριθμό
pirate laTHos ariTHmo
you've got the wrong number

δεν είναι εδώ αυτή τη στιγμή
then ine etho afti ti stighmi
he's/she's not here at the moment

θέλετε ν'αφήσετε κάποιο μήνυμα;
THelete nafisete kapio minima?
do you want to leave a message?

θα του/της πω ότι πήρατε
THa too/tis po oti pirate
I'll tell him/her you called

θα του/της πω να σας πάρει τηλέφωνο
THa too/tis po na sas pari tilefono
I'll ask him/her to call you back

περιμένετε
perimenete
hold on

θα σας τον/την δώσω αμέσως
THa sas ton/tin thoso amesos
I'll just hand you over to him/her

PROBLEMS

Expressing yourself

I don't know the code
δεν ξέρω τον κωδικό
then xero ton kothiko

it's engaged
είναι κατειλημμένο
ine katilimeno

there's no reply
δεν απαντά
then apada

I couldn't get through
δεν μπορούσα να βγάλω γραμμή
then boroosa na vghalo ghrami

I don't have much credit left on my phone
δεν μου έχουν μείνει πολλές μονάδες
then moo ehoon mini poles monathes

we're about to get cut off
θα κοπεί η γραμμή
THa kopi i ghrami

the reception's really bad
έχει πολύ άσχημο σήμα
ehi poli ashimo sima

I can't get a signal
δεν έχει σήμα
then ehi sima

Understanding

δεν σ'ακούω καθόλου καλά
then sakooo kaTHoloo kala
I can hardly hear you

η γραμμή είναι χάλια
i ghrami ine halia
it's a bad line

Some informal expressions

κάνω ένα τηλέφωνο *kano ena tilefono* to make a call
το κλείνω σε κάποιον *to klino se kapion* to hang up on somebody

TELEPHONE

If you are an EU national, the European Health Insurance Card entitles you to medical treatment in Greece.

Pharmacies are generally open from 9am to 3pm on Mondays and Wednesdays, and from 9am to 3pm and 5pm to 8pm on Tuesdays, Thursdays and Fridays. A list of daytime and emergency pharmacies, with their opening hours, is published daily in the local papers (those in Athens are also published in the national papers) and in the window of local pharmacies. You can buy aspirin from yellow kiosks on street corners. Some anti-inflammatories and antibiotics, as well as some contraceptive pills, can be bought over the counter. You can get information on local hospitals on duty (**εφημερία** *efimeria*) by calling the number **1434**. Once you arrive at the hospital you must go to the outpatients department (**εξωτερικά ιατρεία** *exoterika iatria*). If you are in a small town or village, look for the **κέντρο υγείας** *kedro ighias*, where you can find doctors and receive basic medical treatment. The emergency number for an ambulance is **166**.

The basics

allergy	αλλεργία *alerghia*
ambulance	ασθενοφόρο *asTHenoforo*
aspirin	ασπιρίνη *aspirini*
blood	αίμα *ema*
broken	σπασμένο *spazmeno*
casualty (department)	τμήμα εκτάκτων περιστατικών *tmima ektakton peristatikon*
chemist's	φαρμακείο *farmakio*
condom	προφυλακτικό *profilaktiko*
dentist	οδοντίατρος *othodiatros*
diarrhoea	διάρροια *thiaria*
disinfect	απολυμαίνω *apolimeno*
doctor	γιατρός *yatros*
food poisoning	τροφική δηλητηρίαση *trofiki thilitiriasi*

GP	παθολόγος *paTHologhos*
gynaecologist	γυναικολόγος *ghinekologhos*
hospital	νοσοκομείο *nosokomio*
infection	μόλυνση *molinsi*
medicine	φάρμακο *farmako*
painkiller	παυσίπονο *pafsipono*
periods	περίοδοι *periothi*
plaster	γύψος *ghipsos*
rash	εξάνθημα *exanTHima*
spot	σπυρί *spiri*
sunburn	έγκαυμα από τον ήλιο *egavma apo ton ilio*
surgical spirit	οινόπνευμα *inopnevma*
tablet	χάπι *hapi*
temperature	θερμοκρασία *THermokrasia*
vaccination	εμβολιασμός *emvoliasmos*
x-ray	ακτινογραφία *aktinoghrafia*
to faint	λιποθυμώ *lipoTHimo*
to vomit	κάνω εμετό *kano emeto*

Expressing yourself

does anyone have an aspirin/a tampon/a plaster, by any chance?
μήπως έχει κανείς μία ασπιρίνη/ένα ταμπόν/ένα χανζαπλάστ κατά
τύχη;
mipos ehi kanis mia aspirini/ena tambon/ena hanzaplast kata tihi?

I need to see a doctor
πρέπει να δω ένα γιατρό
prepi na tho ena yatro

where can I find a doctor?
πού μπορώ να βρω ένα γιατρό;
poo boro na vro ena yatro?

I'd like to make an appointment for today
θα ήθελα να κλείσω ένα ραντεβού για σήμερα
THa iTHela na kliso ena radevoo ya simera

as soon as possible
το συντομότερο δυνατόν
to sidomotero thinaton

no, it doesn't matter
όχι, δεν πειράζει
ohi, then pirazi

can you send an ambulance to …
μπορείτε να στείλετε ένα ασθενοφόρο στο …
borite na stilete ena asTHenoforo sto …

I've broken my glasses
έσπασα τα γυαλιά μου
espasa ta yalia moo

I've lost a contact lens
έχασα το φακό επαφής μου
ehasa to fako epafis moo

Understanding

τμήμα εκτάκτων περιστατικών	accident and emergency
επείγοντα	casualties
ιατρείο	doctor's surgery
συνταγή γιατρού	prescription

δεν υπάρχουν ελεύθερα ραντεβού μέχρι την Πέμπτη
then iparhoon elefTHera radevoo mehri tin pempti
there are no available appointments until Thursday

είναι εντάξει την Παρασκευή στις δύο το μεσημέρι;
ine edaxi tin paraskevi stis thio to mesimeri?
is Friday at 2pm OK?

AT THE DOCTOR'S OR THE HOSPITAL

Expressing yourself

I have an appointment with Dr …
έχω ένα ραντεβού με τον/την γιατρό …
eho ena radevoo me ton/tin yatro …

I don't feel very well
δεν αισθάνομαι πολύ καλά
then esTHanome poli kala

I feel very weak
αισθάνομαι πολύ αδύναμος
esTHanome poli athinamos

I don't know what it is
δεν ξέρω τι είναι
then xero ti ine

I've been bitten/stung by …
με τσίμπησε …
me tsibise …

I've got a headache
έχω πονοκέφαλο
eho ponokefalo

I've got toothache/stomachache
με πονάει το δόντι μου/το στομάχι μου
me ponai to thodi moo/to stomahi moo

I've got a sore throat
με πονάει ο λαιμός μου
me ponai o lemos moo

my back hurts
με πονάει η πλάτη μου
me ponai i plati moo

it hurts
πονάει
ponai

it hurts here
πονάει εδώ
ponai etho

I feel sick
νιώθω άρρωστος
nioTHo arostos

it's got worse
χειροτέρεψε
hiroterepse

it's been three days
είναι έτσι εδώ και δύο μέρες
ine etsi etho ke thio meres

it started last night
άρχισε χθές το βράδυ
arhise hTHes to vrathi

it's never happened to me before
δεν μου έχει ξανασυμβεί
then moo ehi xanasimvi

I've got a temperature
έχω πυρετό
eho pireto

I have asthma
έχω άσθμα
eho asTHma

I have a heart condition
έχω πρόβλημα με την καρδιά μου
eho provlima me tin karthia moo

I've been on antibiotics for a week but I'm not getting any better
παίρνω αντιβιοτικά εδώ και μια εβδομάδα αλλά δεν πάω καλύτερα
perno adiviotika etho ke mia evthomatha ala then pao kalitera

it itches
έχω φαγούρα
eho faghoora

I'm on the pill/the minipill
παίρνω αντισυλληπτικό χάπι
perno adisiliptiko hapi

I'm ... months pregnant
είμαι ... μηνών έγκυος
ime ... minon egios

I'm allergic to penicillin
είμαι αλλεργικός στην πενικιλλίνη
ime alerghikos stin penikilini

I've twisted my ankle
στραμπούληξα τον αστράγαλό μου
straboolixa ton astraghalo moo

I fell and hurt my back
έπεσα και χτύπησα την πλάτη μου
epesa ke htipisa tin plati moo

I've had a blackout
μου ήρθε σκοτοδίνη
moo irTHe skotothini

I've had a stroke/a heart attack
έπαθα ένα εγκεφαλικό επεισόδιο/συγκοπή
epaTHa ena egefaliko episothio/sigopi

I've lost a filling
μου έφυγε ένα σφράγισμα
moo efiye ena sfraghisma

is it serious?
είναι σοβαρό;
ine sovaro?

is it contagious?
είναι μεταδοτικό;
ine metathotiko?

how is he/she?
πώς είναι;
pos ine?

how much do I owe you?
τι σας οφείλω;
ti sas ofilo?

can I have a receipt so I can get the money refunded?
μπορείτε να μου δώσετε απόδειξη για να πάρω πίσω τα χρήματα;
borite na moo thosete apothixi ya na paro piso ta hrimata?

Understanding

παρακαλώ καθείστε στην αίθουσα αναμονής
parakalo kaTHiste stin eTHoosa anamonis
if you'd like to take a seat in the waiting room

πού πονάει;
poo ponai?
where does it hurt?

πάρτε μια βαθιά ανάσα
parte mia vaTHia anasa
take a deep breath

ξαπλώστε παρακαλώ
xaploste parakalo
lie down, please

πονάει όταν πιέζω εδώ;
ponai otan piezo etho?
does it hurt when I press here?

έχετε εμβολιαστεί κατά ...;
ehete emvoliasti kata ...?
have you been vaccinated against ...?

είστε αλλεργικός στο ...;
iste alerghikos sto ...?
are you allergic to ...?

παίρνετε κανένα άλλο φάρμακο;
pernete kanena alo farmako?
are you taking any other medication?

θα σας γράψω μία συνταγή
THa sas ghrapso mia sidaghi
I'm going to write you a prescription

πρέπει να φύγει σε λίγες μέρες
prepi na fighi se liyes meres
it should clear up in a few days

θα πρέπει να επουλωθεί γρήγορα
THa prepi na epooloTHi ghrighora
it should heal quickly

θα χρειαστεί εγχείρηση
THa hriasti enhirisi
you're going to need an operation

ελάτε πάλι να με δείτε την άλλη εβδομάδα
elate pali na me thite tin ali evthomatha
come back and see me in a week

AT THE CHEMIST'S

Expressing yourself

I'd like a box of plasters, please
θα ήθελα ένα κουτί χανζαπλάστ, παρακαλώ
THa iTHela ena kooti hanzaplast, parakalo

could I have something for a bad cold?
θα μπορούσα να πάρω κάτι για ένα άσχημο κρύωμα;
THa boroosa na paro kati ya ena ashimo krioma?

I need something for a cough
χρειάζομαι κάτι για τον βήχα
*hria*zome kati ya ton viha

I'm allergic to aspirin
είμαι αλλεργικός στην ασπιρίνη
ime alerghikos stin aspirini

I need the morning-after pill
χρειάζομαι το χάπι της επόμενης μέρας
*hria*zome to *ha*pi tis e*po*menis *me*ras

I'd like to try a homeopathic remedy
θα ήθελα να δοκιμάσω μια ομοιοπαθητική θεραπεία
THa iTHela na thokimaso mia omiopaTHitiki THerapia

I'd like a bottle of solution for soft contact lenses
θα ήθελα ένα διάλυμα για μαλακούς φακούς επαφής
THa iTHela ena thialima ya malakoos fakoos epafis

Understanding

επαλοίφω	apply
δίνεται μόνο με συνταγή ιατρού	available on prescription only
κάψουλα	capsule
αντενδείξεις	contra-indications
κρέμα	cream
αλοιφή	ointment
πιθανές παρενέργειες	possible side effects
σκόνη	powder
υπόθετα	suppositories
σιρόπι	syrup
χάπι	tablet
πάρτε το τρεις φορές την ημέρα πριν τα γεύματα	take three times a day before meals

---

Some informal expressions

είμαι καθηλωμένος στο κρεβάτι *ime kaTHilomemos sto krevati*
to be stuck in bed
αισθάνομαι πολύ βαριά *esTHanome poli varia* to feel rough
έχω ένα απαίσιο κρύωμα *eho ena apesio krioma* to have a stinking cold
χάνω τις αισθήσεις μου *hano tis esTHisis moo* to pass out

PROBLEMS AND EMERGENCIES

Policemen wear blue uniforms and police cars all have **ΕΛΛΗΝΙΚΗ ΑΣΤΥΝΟΜΙΑ** (Greek Police) on them.

In an emergency, you can call **112**; for the police, call **100**, for the fire brigade **199** and for an ambulance **166**.

The basics

accident	ατύχημα *atihima*
ambulance	ασθενοφόρο *asTHenoforo*
broken	σπασμένο *spazmeno*
coastguard	ακτοφυλακή *aktofilaki*
disabled	ανάπηρος *anapiros*
doctor	γιατρός *yatros*
emergency	επείγον *epighon*
fire brigade	πυροσβεστική *pirozvestiki*
fine	πρόστιμο *prostimo*
fire	φωτιά *fotia*
hospital	νοσοκομείο *nosokomio*
ill	άρρωστος *arostos*
injured	τραυματίας *travmatias*
late	αργά *argha*
police	αστυνομία *astinomia*
policeman	αστυνομικός *astinomikos*
traffic policeman	τροχονόμος *trohonomos*

Expressing yourself

can you help me?
μπορείτε να με βοηθήσετε;
borite na me voiTHisete?

help!
βοήθεια!
voiTHia!

fire!
φωτιά!
fotia!

be careful!
πρόσεξε!
prosexe!

it's an emergency!
είναι επείγον!
ine epighon!

there's been an accident
έγινε ένα ατύχημα
eghine ena atihima

could I borrow your phone, please?
θα μπορούσα να δανειστώ το τηλέφωνό σας, παρακαλώ;
THa boroosa na thanisto to tilefono sas, parakalo?

does anyone here speak English?
υπάρχει κανείς εδώ που να μιλάει αγγλικά;
iparhi kanis etho poo na milai anglika?

I need to contact the British embassy
πρέπει να επικοινωνήσω με την Αγγλική πρεσβεία
prepi na epikinoniso me tin angliki prezvia

where's the nearest police station?
πού είναι το κοντινότερο αστυνομικό τμήμα;
poo ine to kodinotero astinomiko tmima?

what do I have to do?
τι πρέπει να κάνω;
ti prepi na kano?

my passport/credit card has been stolen
μου έκλεψαν το διαβατήριό μου/την πιστωτική μου κάρτα
moo eklepsan to thiavatirio moo/tin pistotiki moo karta

my bag's been snatched
μου άρπαξαν την τσάντα μου
moo arpaxan tin tsada moo

I've lost …
έχασα …
ehasa …

I've been attacked
μου επιτέθηκαν
moo epiteTHikan

my son/daughter is missing
έχασα το γιό μου/την κόρη μου
ehasa to ghio moo/tin kori moo

my car's been towed away
πήρε το αυτοκίνητό μου ο γερανός της Τροχαίας
pire to aftokinito moo o yeranos tis troheas

I've broken down
έμεινε το αυτοκίνητο
emine to aftokinito

my car's been broken into
κάποιος παραβίασε το αυτοκίνητό μου
kapios paraviase to aftokinito moo

there's a man following me
με ακολουθεί ένας άντρας
me akolooTHi enas andras

is there disabled access?
υπάρχει είσοδος για άτομα με ειδικές ανάγκες;
iparhi isothos ya atoma me ithikes anages?

can you keep an eye on my things for a minute?
μπορείς να προσέξεις τα πράγματά μου για ένα λεπτό;
boris na prosexis ta praghmata moo ya ena lepto?

he's drowning, get help!
πνίγεται, φέρτε βοήθεια!
pniyete, ferte voiTHia!

Understanding

προσοχή!ο σκύλος δαγκώνει	beware of the dog
οδική βοήθεια	breakdown service
έξοδος κινδύνου	emergency exit
τμήμα απολεσθέντων αντικειμένων	lost property
ορειβατική διασωστική ομάδα	mountain rescue
εκτός λειτουργίας	out of order
άμεσος δράση	police emergency services
τροχαία	traffic police

POLICE

Expressing yourself

I want to report something stolen
θέλω να κάνω μία δήλωση κλοπής
THelo na kano mia thilosi klopis

I need a document from the police for my insurance company
χρειάζομαι ένα πιστοποιητικό από την αστυνομία για την ασφαλιστική
μου εταιρεία
hriazome ena pistopiitiko apo tin astinomia ya tin asfalistiki moo eteria

Understanding

Filling in forms

επώνυμο	surname
όνομα	first name
διεύθυνση	address
ταχυδρομικός κώδικας/τκ	postcode
χώρα	country
ιθαγένεια/υπηκοότητα	nationality
ημερομηνία γέννησης	date of birth
τόπος γέννησης	place of birth
ηλικία	age
φύλο	sex
διάρκεια παραμονής	duration of stay
ημερομηνία άφιξης/ αναχώρησης	arrival/departure date
επάγγελμα	occupation
αριθμός διαβατηρίου	passport number

**πρέπει να πληρώσετε τελωνειακούς δασμούς για αυτό το
αντικείμενο**
prepi na plirosete teloniakoos thazmoos ya afto to adikimeno
there's customs duty to pay on this item

μπορείτε να ανοίξετε αυτή τη τσάντα, παρακαλώ;
borite na anixete afti ti tsada, parakalo?
would you open this bag, please?

τι λείπει από εδώ;
ti lipi apo etho?
what's missing?

πότε συνέβει αυτό;
pote sinevi afto?
when did this happen?

πού μένετε;
poo menete?
where are you staying?

μπορείτε να τον/την/το περιγράψετε;
borite na ton/tin/to perighrapsete?
can you describe him/her/it?

μπορείτε να συμπληρώσετε αυτό το έντυπο, παρακαλώ;
borite na siblirosete afto to edipo, parakalo?
would you fill in this form, please?

μπορείτε να υπογράψετε εδώ, παρακαλώ;
borite na ipoghrapsete etho, parakalo?
would you sign here, please?

Some informal expressions

μπάτσος *batsos* cop
κλέβω *klevo* slammer, nick
τον πιάσανε *ton piasane* he got nicked

The basics

after	μετά *meta*
afternoon	απόγευμα *apoyevma*
already	ήδη *ithi*
always	πάντα *pada*
at lunchtime	το μεσημέρι *to mesimeri*
at the beginning/end of	στην αρχή/στο τέλος του *stin arhi/sto telos too*
at the moment	τη στιγμή που *ti stighmi poo*
before	πριν *prin*
between ... and ...	μεταξύ ... και ... *metaxi ... ke ...*
day	μέρα *mera*
during	κατά την διάρκεια *kata tin thiarkia*
early	νωρίς *noris*
evening	βράδυ *vrathi*
for a long time	για πολύ καιρό *ya poli kero*
from ... to ...	από ... έως ... *apo ... eos ...*
from time to time	που και που *poo ke poo*
in a little while	σε λίγο *se ligho*
in the evening	το βράδυ *to vrathi*
in the middle of	στην μέση του *stin mesi too*
last	τελευταίος *telefteos*
late	αργά *argha*, καθυστερημένα *kaTHisterimena*
midday	μεσημέρι *mesimeri*
midnight	μεσάνυχτα *mesanihta*
morning	πρωί *proi*
month	μήνας *minas*
never	ποτέ *pote*
next	επόμενος *epomenos*
night	νύχτα *nihta*
not yet	όχι ακόμα *ohi akoma*
now	τώρα *tora*
often	συχνά *sihna*
rarely	σπάνια *spania*
recently	πρόσφατα *prosfata*

since	από το *apo to*
sometimes	μερικές φορές *merikes fores*
soon	σύντομα *sidoma*
still	ακόμα *akoma*
straightaway	αμέσως *amesos*
until	έως *eos*, ωςος, μέχρι *mehri*
week	εβδομάδα *evthomatha*
weekend	Σαββατοκύριακο *savatokiriako*
year	χρόνος *hronos*

Expressing yourself

see you soon!
στο επανιδείν!
sto epanidhin!

see you later!
τα λέμε αργότερα!
ta leme arghotera!

see you on Monday!
τη Δευτέρα λοιπόν!
ti theftera lipon!

have a good weekend!
καλό Σαββατοκύριακο!
kalo savatokiriako!

sorry I'm late
λυπάμαι που άργησα
lipame poo arghisa

I haven't been there yet
δεν έχω πάει ακόμα εκεί
then eho pai akoma eki

I haven't had time to …
δεν είχα χρόνο να …
then iha hrono na …

I've got plenty of time
έχω πολύ χρόνο
eho poli hrono

I'm in a rush
βιάζομαι
viazome

hurry up!
βιάσου!
viasoo!

just a minute, please
ένα λεπτό, παρακαλώ
ena lepto, parakalo

I had a late night
ξενύχτησα
xenihtisa

I got up very early
σηκώθηκα πολύ νωρίς
sikoTHika poli noris

I waited ages
περίμενα πολύ
perimena poli

I have to get up very early tomorrow to catch my plane
πρέπει να σηκωθώ πολύ πρωί αύριο για να προλάβω το αεροπλάνο μου
prepi na sikoTHo poli proi avrio ya na prolavo to aeroplano moo

we only have four days left
μας μένουν μόνο τέσσερεις μέρες
mas menoon mono teseris meres

THE DATE

How to express the date

2 January 2007	**στις δύο Ιανουαρίου του δύο χιλιάδες επτά (2007)** *stis thio ianooarioo too thio hiliathes epta*
in June 2007	**τον Ιούνιο του δύο χιλιάδες επτά (2007)** *ton ioonio too thio hiliathes epta*
from 2006 to 2007	**από το δύο χιλιάδες έξι (2006) ως το δύο χιλιάδες επτά (2007)** *apo to thio hiliathes exi os to thio hiliathes epta*
between 2006 and 2007	**ανάμεσα στο δύο χιλιάδες έξι (2006) και το δύο χιλιάδες επτά (2007)** *anamesa sto thio hiliathes exi ke to thio hiliathes epta*
in the first century BC	**τον πρώτο αιώνα προ Χριστού (π.Χ.)** *ton proto eona pro hristoo*
in the third century AD	**τον τρίτο αιώνα μετά Χριστόν (μ.Χ.)** *ton trito eona meta hriston*
19th-century art	**η τέχνη του δεκάτου ενάτου (19ου)** **αιώνα** *i tehni too thekatoo enatoo eona*
in the early/middle/late 21st century	**στις αρχές/στα μέσα/στα τέλη του εικοστού πρώτου (21ου) αιώνα** *stis arhes/sta mesa/sta teli too ikostoo protoo eona*

The basics

... ago	πριν ... *prin ...*
at the beginning/end of	στις αρχές/στα τέλη του *stis arhes/sta teli too*
in the middle of	στα μέσα του *sta mesa too*
in two days' time	σε δύο μέρες *se thio meres*
last night	χθες βράδυ *hTHes vrathi*
the day after tomorrow	μεθαύριο *meTHavrio*

the day before yesterday	προχθές *prohTHes*
today	σήμερα *simera*
tomorrow	αύριο *avrio*
tomorrow morning/ afternoon/evening	αύριο το πρωί/το απόγευμα/το βράδυ *avrio to proi/to apoyevma/to vrathi*
yesterday	χθες *hTHes*
yesterday morning/ afternoon/evening	χθες το πρωί/το απόγευμα/το βράδυ *hTHes to proi/to apoyevma/to vrathi*

Expressing yourself

I was born in 1975
γεννήθηκα το χίλια εννιακόσια εβδομήντα πέντε
yeniTHika to hilia eniakosia evthomida pede

I came here a few years ago
ήρθα εδώ πριν μερικά χρόνια
irTHa etho prin merika hronia

I spent a month in France last summer
πέρασα ένα μήνα στην Γαλλία πέρσι το Καλοκαίρι
perasa ena mina stin ghalia persi to kalokeri

I was here last year at the same time
ήμουν εδώ πέρσι αυτόν τον καιρό
imoon etho persi afton ton kero

what's the date today?
πόσο έχει ο μήνας σήμερα;
poso ehi o minas simera?

what day is it today?
τι μέρα έχουμε σήμερα;
ti mera ehoome simera?

it's the 1st of April
είναι πρώτη Απριλίου
ine proti aprilioo

I'm staying until Sunday
θα μείνω μέχρι την Κυριακή
THa mino mehri tin kiriaki

we're leaving tomorrow
φεύγουμε αύριο
fevghoome avrio

I already have plans for Tuesday
έχω ήδη κάτι κανονίσει για την Τρίτη
eho ithi kati kanonisi ya tin triti

Understanding

μία φορά/δύο φορές	once/twice
τρείς φορές την ώρα/την μέρα	three times an hour/a day
κάθε μέρα	every day
κάθε Δευτέρα	every Monday

χτίσθηκε στα μέσα του δεκάτου ενάτου αιώνα
htisTHike sta mesa too thekatoo enatoo eona
it was built in the mid-nineteenth century

έχει πολύ κίνηση εδώ το καλοκαίρι
ehi poli kinisi etho to kalokeri
it gets very busy here in the summer

πότε φεύγετε;	**πόσο καιρό θα μείνετε;**
pote fevyete?	*poso kero THa minete?*
when are you leaving?	how long are you staying?
στις δύο ακριβώς	**είναι περασμένες οχτώ**
stis thio akrivos	*ine perazmenes ohto*
at 2 o'clock on the dot	it's just gone 8 o'clock

THE TIME

Telling the time

"It's 4 o'clock in the morning" is written and pronounced **είναι 4 η ώρα** *ine teseris i ora*, while "at 4 o'clock in the afternoon" is **στις 4 το απόγευμα** *stis teseris to apoyevma*. The abbreviations **πμ** and **μμ** (like am and pm) are used in writing: **4 π.μ.** = 4am; **4 μ.μ.** = 4pm. The twenty-four hour clock is not used very frequently.

In Greece, "morning" lasts until midday, "midday" goes on until at least 4pm and "afternoon" can be anytime until dusk.

The basics

early	νωρίς *noris*
half an hour	μισή ώρα *misi ora*
in the afternoon	το απόγευμα *to apoyevma*
in the morning	το πρωί *to proi*
late	αργά *argha*
midday	μεσημέρι *mesimeri*
midnight	μεσάνυχτα *mesanihta*
on time	στην ώρα *stin ora*
quarter of an hour	ένα τέταρτο της ώρας *ena tetarto tis oras*
three quarters of an hour	τρία τέταρτα της ώρας *tria tetarta tis oras*

Expressing yourself

what time is it?
τι ώρα είναι;
ti ora ine?

excuse me, have you got the time, please?
με συγχωρείτε, μου λέτε την ώρα, παρακαλώ;
me sinhorite, moo lete tin ora, parakalo?

it's exactly three o'clock
είναι ακριβώς τρεις η ώρα
ine akrivos tris i ora

it's nearly one o'clock
είναι σχεδόν εννιά η ώρα
ine shethon enia i ora

it's ten past one
είναι μία και δέκα
ine shethon mia ke theka

it's a quarter past one
είναι μία και τέταρτο
ine mia ke tetarto

it's a quarter to one
είναι μία παρά τέταρτο
ine mia para tetarto

it's twenty past twelve
είναι δώδεκα και είκοσι
ine thotheka ke ikosi

it's twenty to twelve
είναι δώδεκα παρά είκοσι
ine thotheka para ikosi

it's half past one
είναι μία και μισή
ine mia ke misi

I arrived at about two o'clock
έφτασα στις δύο η ώρα περίπου
eftasa stis thio i ora peripoo

I set my alarm for nine
έβαλα το ξυπνητήρι για τις εννιά
evala to xipnitiri ya tis enia

I waited twenty minutes
περίμενα είκοσι λεπτά
perimena ikosi lepta

the train was fifteen minutes late
το τραίνο είχε δεκαπέντε λεπτά καθυστέρηση
to treno ihe thekapede lepta kaTHisterisi

I got home an hour ago
έφτασα σπίτι πριν μία ώρα
eftasa spiti prin mia ora

shall we meet in half an hour?
να συναντηθούμε σε μισή ώρα;
na sinadiTHoome se misi ora?

I'll be back in a quarter of an hour
θα επιστρέψω σ'ένα τέταρτο
THa epistrepso sena tetarto

there's a two-hour time difference between England and Greece
έχουμε δυο ώρες διαφορά μεταξύ Αγγλίας και Ελλάδας
ehoome thio ores thiafora metaxi anglias ke elathas

Understanding

φεύγει κάθε μία ώρα και κάθε μισή ώρα
departs on the hour and the half-hour

ανοιχτό από τις δέκα το πρωί (10π.μ.) μέχρι τις τέσσερις το απόγευμα (4μ.μ.)
open from 10am to 4pm

παίζεται κάθε απόγευμα στις επτά
pezete kaTHe apoyevma stis epta
t's on every evening at seven

διαρκεί μιάμιση ώρα περίπου
thiarki miamisi ora peripoo
t lasts around an hour and a half

ανοίγει στις δέκα το πρωί
anighi stis theka to proi
t opens at ten in the morning

When giving a total in Greek, the word **και** or **κόμμα** is used before the decimals: **τριανταδύο κόμμα δεκατρία ευρώ** or **τριανταδύο ευρώ και δέκατρία λεπτά** 32.13 euros.

0	μηδέν	*mithen*
1	ένα	*ena*
2	δύο	*thio*
3	τρία	*tria*
4	τέσσερα	*tesera*
5	πέντε	*pede*
6	έξι	*exi*
7	επτά	*epta*
8	οχτώ	*ohto*
9	εννιά	*enia*
10	δέκα	*theka*
11	έντεκα	*edeka*
12	δώδεκα	*thotheka*
13	δεκατρία	*thekatria*
14	δεκατέσσερα	*thekatesera*
15	δεκαπέντε	*thekapede*
16	δεκαέξι	*thekaexi*
17	δεκαεπτά	*thekaepta*
18	δεκαοχτώ	*thekaohto*
19	δεκαεννιά	*thekaenia*
20	είκοσι	*ikosi*
21	είκοσι ένα	*ikosi ena*
22	είκοσι δύο	*ikosi thio*
30	τριάντα	*triada*
35	τριάντα πέντε	*triada pede*
40	σαράντα	*sarada*
50	πενήντα	*penida*
60	εξήντα	*exida*
70	εβδομήντα	*evthomida*

80	ογδόντα *ogthoda*
90	εννενήντα *enenida*
100	εκατό *ekato*
101	εκατόν ένα *ekaton ena*
200	διακόσια *thiakosia*
500	πεντακόσια *pedakosia*
1000	χίλια *hilia*
2000	δύο χιλιάδες *thio hiliathes*
10 000	δέκα χιλιάδες *theka hiliathes*
1 000 000	ένα εκατομύριο *ena ekatomirio*

first	πρώτος *protos*
second	δεύτερος *thefteros*
third	τρίτος *tritos*
fourth	τέταρτος *tetartos*
fifth	πέμπτος *pemptos*
sixth	έκτος *ektos*
seventh	έβδομος *evthomos*
eighth	όγδοος *oghthoos*
ninth	ένατος *enatos*
tenth	δέκατος *thekatos*
twentieth	εικοστός *ikostos*

20 plus 3 equals 23
εικοσι συν τρία ίσον εικοσι τρία
'kosi sin tria ison ikosi tria

20 minus 3 equals 17
εικοσι μείον τρία ίσον δεκαεπτά
'kosi mion tria ison thekaepta

20 multiplied by 4 equals 80
εικοσι επί τέσσερα ίσον ογδόντα
'kosi epi tesera ison ogthoda

20 divided by 4 equals 5
εικοσι διά τέσσερα ίσον πέντε
'kosi thia tesera ison pede

NUMBERS

123

DICTIONARY

ENGLISH-GREEK

A

a ένας (m) enas, μία (f) mia, ένα (n) ena
able: to be able to do something
μπορώ να κάνω κάτι boro na kano kati
about περίπου peripoo, σχεδόν
shethon; **to be about to do**
something είμαι έτοιμος να κάνω
κάτι ime etimos na kano kati
above πάνω από pano apo
abroad στο εξωτερικό sto exoteriko
accept δέχομαι thehome, αποδέχομαι
apothehome
access είσοδος (f) isothos, πρόσβαση
(f) prosvasi 112
accident ατύχημα (n) atihima 31, 111
accommodation κατάλυμα (n)
katalima, δωμάτιο (n) thomatio
across απέναντι apenadi
adaptor μετασχηματιστής (m)
metashimatistis
address διεύθυνση (f) thiefTHinsi
admission είσοδος (f) isothos,
εισαγωγή (f) isaghoghi
advance: in advance νωρίτερα
noritera 64
advice συμβουλή (f) simvooli; **to**
ask someone's advice ζητάω τη
συμβουλή κάποιου zitao ti simvooli
kapioo
advise συμβουλεύω simvoolevo,
συνιστώ sinisto
Aegean sea Αιγαίο πέλαγος (n) eyeo
pelaghos
aeroplane αεροπλάνο (n) aeroplano
after μετά meta
afternoon απόγευμα (n) apoyevma

after-sun (cream) κρέμα για μετά
την ηλιοθεραπεία (f) krema ya meta tin
ilioTHerapia
again ξανά xana
against κατά kata
age ηλικία (f) ilikia
air αέρας (m) aeras
air conditioning κλιματισμός (m)
klimatismos
airline αεροπορική εταιρεία (f)
aeroporiki eteria
airmail αεροπορικό ταχυδρομείο (n)
aeroporiko tahithromio
airport αεροδρόμιο (n) aerothromio
alarm clock ξυπνητήρι (n) xipnitiri
alcohol αλκοόλ (n) alkool
alive ζωντανός zodanos
all όλος olos, όλοι oli; **all day** όλη την
ημέρα oli tin imera; **all week** όλη
την εβδομάδα oli tin evthomatha; **all**
the better τόσο το καλύτερο toso
to kalitero; **all the same** παρ'όλα
αυτά parola afta; **all the time** όλη
την ώρα oli tin ora; **all inclusive**
όλα συμπεριλαμβάνονται ola
siberilamvanode
allergic αλλεργικός alerghikos 47, 106
almost σχεδόν shethon
already ήδη ithi, κιόλας kiolas
also επίσης episis
although αν και an ke
always πάντοτε padote
ambulance ασθενοφόρο (n)
asTHenoforo 104
American (noun) Αμερικανός
(m) amerikanos, Αμερικανίδα (f)
amerikanitha

American (adj) αμερικάνικος amerikanikos

among ανάμεσα anamesa, μεταξύ metaxi

anaesthetic αναισθητικό (n) anesTHitiko

ancient αρχαίος arheos; **ancient Greece** αρχαία Ελλάδα arhea elatha

and και ke

animal ζώο (n) zoo

ankle αστράγαλος (m) astraghalos

anniversary επέτειος (f) epetios

another άλλος alos

answer (noun) απάντηση (f) apadisi

answer (v) απαντώ apado

answering machine αυτόματος τηλεφωνητής (m) aftomatos tilefonitis

ant μυρμήγκι (n) mirmigi

antibiotics αντιβιωτικά (npl) antiviotika

anybody, anyone οποιοσδήποτε opiosthipote

anything οτιδήποτε otithipote

anyway με κάθε τρόπο me kaTHe tropo, οπωσδήποτε oposthipote

appendicitis σκωληκοειδίτιδα (f) skolikoithititha

appointment ραντεβού (n) radevoo; **to make an appointment** κλείνω ένα ραντεβού klino ena radevoo **104**; **to have an appointment with** έχω ένα ραντεβού με eho ena radevoo me **105**

April Απρίλιος (m) aprilios

archaeological site αρχαιολογικός χώρος (m) arheologhikos horos

area περιοχή (f) periohi; **in the area** στην περιοχήstin stin periohi

arm χέρι (n) heri

around γύρω από ghiro apo

arrange κανονίζω kanonizo; **to arrange to meet** κανονίζω μία συνάντηση kanonizo mia sinadisi

arrival άφιξη (f) afixi

arrive φθάνω fTHano

art τέχνη (f) tehni

artist καλλιτέχνης kalitehnis

as καθώς kaTHos, ενώ eno; **as soon as possible** όσο πιο σύντομα γίνεται oso pio sidoma ghinete; **as soon as** αμέσως amesos, μόλις molis; **as well as** επίσης episis

ashtray τασάκι (n) tasaki **45**

ask ρωτάω rotao; **to ask a question** κάνω μια ερώτηση kano mia erotisi

aspirin ασπιρίνη (f) aspirini

asthma άσθμα (n) asTHma

at στο (m, n) sto, στη (f) sti

Athens Αθήνα (f) aTHina

attack (v) επιτίθεμαι epitiTHome **111**

August Αύγουστος (m) avghoostos

autumn φθινόπωρο (n) fTHinoporo

available διαθέσιμος thiaTHesimos

avenue λεωφόρος (f) leoforos

away: 10 miles away δέκα μίλια μακριά theka milia makria

B

baby μωρό (n) moro

baby's bottle μπιμπερό (n) bibero

back (adv) πίσω piso

back (noun) (part of body) πλάτη (f) plati; **at the back of** πίσω από piso apo

back (noun) (part of body) πλάτη (f) plati

backpack σακίδιο (n) sakithio

bad κακός kakos; **it's not bad** δεν είναι κακός then ine kakos

bag τσάντα (f) tsada

baggage αποσκευή (f) aposkevi

bake ψήνω psino

baker's, bakery φούρνος (m) foornos

balcony μπαλκόνι (n) balkoni

bandage επίδεσμος (m) epithesmos

bank τράπεζα (f) trapeza **92**

banknote χαρτονόμισμα (n) hartonomisma

bar μπαρ (n) bar

barbecue ψησταριά (f) psistaria

bath μπάνιο (n) banio; **to have a bath** κάνω μπάνιο kano banio

bathroom μπάνιο (n) banio

bath towel πετσέτα μπάνιου (f) *petseta banioo*

battery μπαταρία (f) *bataria* **31**

be είμαι *ime*

beach παραλία (f) *paralia*

beach umbrella ομπρέλα θαλάσσης (f) *obrela THalasis*

beard γενειάδα (f) *yeniatha*

beautiful όμορφος *omorfos*

because επειδή *epithi*, διότι *thioti*; **because of** εξαιτίας *exetias*

bed κρεβάτι (n) *krevati*

bee μέλισσα (f) *melisa*

before πριν *prin*

begin αρχίζω *arhizo*

beginner αρχάριος *arharios*

beginning αρχή (f) *arhi*; **at the beginning** στην αρχή *stin arhi*

behind πίσω από *piso apo*

Belgium Βέλγιο (n) *velghio*

believe πιστεύω *pistevo*

below από κάτω *apo kato*

beside πλάι *plai*, δίπλα *thipla*

best: the best ο καλύτερος *o kaliteros*

better καλύτερος *kaliteros*; **to get better** πάω καλύτερα *pao kalitera*; **it's better to...** είναι καλύτερα να... *ine kalitera na...*

between ανάμεσα *anamesa*

bicycle ποδήλατο (n) *pothilato*

bicycle pump τρόμπα ποδηλάτου (f) *troba pothilatoo*

big μεγάλος *meghalos*

bike ποδήλατο (n) *pothilato* **78**

bill λογαριασμός (m) *loghariasmos* **49**

bin κάδος (m) *kathos*

binoculars κυάλια (npl) *kialia*

birthday γενέθλια (npl) *yeneTHlia*

bit κομματάκι (n) *komataki*, λίγο (n) *ligho*

bite (noun) δαγκωνιά (f) *thagonia*

bite (v) δαγκώνω *thagono* **105**

black μαύρος *mavros*

blackout σκοτοδύνη (f) *skotothini*

blanket κουβέρτα (f) *kooverta*

bleed αιμορραγώ *emoragho*

bless: bless you! γείτσες! *ghitses!*

blind τυφλός *tiflos*

blister φουσκάλα (f) *fooskala*

blood αίμα (n) *ema*

blood pressure πίεση (f) *piesi*

blue μπλε *ble*

board (v) επιβιβάζομαι *epivivazome* **25**

boarding επιβίβαση (f) *epivivasi*

boat πλοίο (n) *plio*

body σώμα (n) *soma*

book (noun) βιβλίο (n) *vivlio*

book (v) κάνω κράτηση *kano kratisi* **23, 64**

bookshop βιβλιοπωλείο (n) *vivliopolio*

boot (footwear) μπότα (f) *bota*; (of car) πορτμπαγκάζ (n) *portbagaz*

borrow δανείζομαι *thanizome*

botanical garden βοτανικός κήπος (m) *votanikos kipos*

both και οι δύο *ke i thio*; **both of us** και οι δυό μας *ke i thio mas*

bottle μπουκάλι (n) *bookali*

bottle opener ανοιχτήρι μπουκαλιών (n) *anihtiri bookalion*

bottom το κάτω μέρος *to kato meros*; **at the bottom** κατά βάθος *kata vaTHos*

bowl λεκάνη (f) *lekani*, μπωλ (n) *bol*

bra σουτιέν (n) *sootien*

brake (noun) φρένο (n) *freno*

brake (v) φρενάρω *frenaro*

bread ψωμί (n) *psomi* **47**

break σπάζω *spazo*; **to break one's leg** σπάζω το πόδι μου *spazo to pothi moo*

break down χαλώ *halo*; **the car broke down** το αυτοκίνητο χάλασε *to aftokinito halase* **31, 112**

breakdown βλάβη (f) *vlavi*

breakdown service Οδική Βοήθεια *othiki voiTHia*

breakfast πρόγευμα (n) *proyevma*, πρωινό (n) *proino* **38**; **to have breakfast** τρώω πρωινό *troo proino*

bridge γέφυρα (f) *yefira*

bring φέρνω *ferno*

brochure ενημερωτικό φυλλάδιο (n) enimerotiko filathio, διαφημιστικό φυλλάδιο (n) thiafimistiko filathio

broken σπασμένος spazmenos

bronchitis βρογχίτιδα (f) vrohititha

brother αδερφός (m) atherfos

brown καφέ kafe

brush βούρτσα (f) voortsa

build χτίζω htizo

building κτήριο (n) ktirio

bump χτύπημα (n) htipima; **bump on the head** καρούμπαλο (n) karoobalo

bumper προφυλακτήρας (m) profilaktiras

buoy σημαδούρα (f) simathoora

burn (noun) κάψιμο (n) kapsimo

burn (v) καίω keo; **to burn oneself** καίγομαι keghome

burst (v) σκάω skao

bus λεωφορείο (n) leoforio 28

bus route δρομολόγιο λεωφορείου (n) thromologhio leoforioo

bus station σταθμός λεωφορείων (m) staTHmos leoforion

bus stop στάση λεωφορείων (f) stasi leoforion

busy (person) απασχολημένος apasholimenos; (place) με πολλή κίνηση me poli kinisi

but αλλά ala, όμως omos

butcher's κρεοπωλείο (n) kreopolio, χασάπικο (n) hasapiko

buy αγοράζω aghorazo 23, 82, 84

by με me; **by car** με αυτοκίνητο me aftokinito

bye! Γειά! ya!

Byzantine βυζαντινός vizadinos

C

café καφέ (n) kafe, καφετέρια (f) kafeteria

call (noun) κλήση (f) klisi

call (v) καλώ kalo 100; **to be called** ονομάζομαι onomazome

call back επιστρέφω τηλεφώνημα epistrefo tilefonima 100

camera κάμερα (f) kamera, φωτογραφική μηχανή (f) fotoghrafiki mihani

camper κατασκηνωτής (m) kataskinotis

camping κατασκήνωση (f) kataskinosi, κάμπινγκ (n) kamping; **to go camping** κατασκηνώνω kataskinono

campsite κατασκηνωτικός χώρος (m) kataskinotikos horos 42

can (noun) κουτί (n) kooti

can (v) μπορώ boro; **I can't** δεν μπορώ then boro

can opener ανοιχτήρι κονσέρβας (n) anihtiri konservas

cancel ακυρώνω akirono

candle κερί (n) keri

car αυτοκίνητο (n) aftokinito

caravan τροχόσπιτο (n) trohospito

card κάρτα (f) karta

car park πάρκινγκ (n) parking

carry κουβαλώ koovalo

case: in case of… σε περίπτωση που… se periptosi poo…

cash μετρητά (npl) metrita; **to pay cash** πληρώνω με μετρητά plirono me metrita 83

cashpoint μηχάνημα ανάληψης mihanima analipsis 93

castle κάστρο (n) kastro

catch πιάνω piano

cathedral καθεδρικός ναός (m) kaTHethrikos naos

CD σιντί (n) sidi

cemetery νεκροταφείο (n) nekrotafio

centimetre εκατοστό (n) ekatosto

centre κέντρο (n) kendro 38

century αιώνας (m) eonas

chair καρέκλα (f) karekla

change (noun) αλλαγή (f) alaghi; (small change) ψιλά (npl) psila; (money given back) ρέστα (npl) resta 83

change (v) αλλάζω alazo 92

changing room δοκιμαστήριο (n) thokimastirio 86

channel κανάλι (n) *kanali*
chapel παρεκκλήσι (n) *pareklisi*
charge (noun) χρέωση (f) *hreosi*
charge (v) χρεώνω *hreono*
cheap φτηνός *ftinos*
check ελέγχω *elenho*
check-in (in airport) έλεγχος εισιτηρίων (m) *elenhos isitirion*, τσεκ-ιν (n) *tsek-in* **25**
checkout (in supermarket) ταμείο (n) *tamio*; (from hotel) αναχώρηση (f) *anahorisi*
cheers! στην υγειά μας! *stin iya mas!*
chemist's φαρμακείο (n) *farmakio*
cheque επιταγή (f) *epitaghi*, τσεκ (n) *tsek*
chest θώρακας (m) *THorakas*, στήθος (n) *stiTHos*
child παιδί (n) *pethi*
chill ψύχρα (f) *psihra*
chimney καμινάδα (f) *kaminatha*
chin πηγούνι (n) *pighooni*
church εκκλησία (f) *eklisia*
cigar πούρο (n) *pooro*
cigarette τσιγάρο (n) *tsigharo*
cigarette paper τσιγαρόχαρτο (n) *tsigharoharto*
cinema κινηματογράφος (m) *kinimatoghrafos*, σινεμά (n) *sinema*
circus τσίρκο (n) *tsirko*
city πόλη (f) *poli*
clean (adj) καθαρός *kaTHaros*
clean (v) καθαρίζω *kaTHarizo*
cliff βράχος (m) *vrahos*
climate κλίμα (n) *klima*
climbing ανάβαση (f) *anavasi*
cloakroom γκαρνταρόμπα (f) *gardaroba*
close (v) κλείνω *klino*
closed κλειστό *klisto*
closing time ώρα κλεισίματος (f) *ora klisimatos*
clothes ρούχα (npl) *rooha*
clutch (for car) συμπλέκτης (m) *siblektis*
coach πούλμαν (n) *poolman* **29**

coast ακτή (f) *akti*
coathanger κρεμάστρα για παλτό (f) *kremastra ya palto*
cockroach κατσαρίδα (f) *katsaritha*
coffee καφές (m) *kafes*
coil (contraceptive) σπιράλ *spiral*
coin νόμισμα (n) *nomisma*
Coke® κόκα κόλα (f) *koka kola*
cold (noun) κρύο (n) *krio*; **to have a cold** είμαι κρυωμένος *ime kriomenos*
cold (adj) κρύος *krios*; **it's cold** κάνει κρύο *kani krio*; **I'm cold** κρυώνω *kriono*
collection συλλογή (f) *siloghi*
colour χρώμα (n) *hroma* **86**
comb χτένα (f) *htena*
come έρχομαι *erhome*
come back επιστρέφω *epistrefo*
come in μπαίνω μέσα *beno mesa*
come out βγαίνω έξω *vyeno exo*
comfortable άνετος *anetos*
company παρέα (f) *parea*
compartment τμήμα (n) *tmima*; (in train) βαγόνι (n) *vaghoni*
complain παραπονούμαι *paraponoome*
complaint (n) παράπονο (n) *parapono*
comprehensive insurance μικτή ασφάλιση (f) *mikti asfalisi*
computer υπολογιστής (m) *ipologhistis*, κομπιούτερ (n) *kobiooter*
concert κονσέρτο (n) *konserto*, συναυλία (f) *sinavlia* **65**
concert hall συναυλιακός χώρος (m) *sinavliakos horos*
concession παραχώρηση (f) *parahorisi* **23, 71**
condom προφυλακτικό (n) *profilaktiko*
confirm επιβεβαιώνω *epineveono* **25**
connection σύνδεση (f) *sinthesi* **26**
constipated δυσκοίλιος *thiskilios*
consulate προξενείο (n) *proxenio*
contact (noun) επαφή (f) *epafi*
contact (v) έρχομαι σε επαφή *erhome se epafi*

contact lenses φακοί επαφής *(mpl)*
faki epafis
contagious μεταδοτικός *metathotikos*
contraceptive αντισυλληπτικό
antisiliptiko
cook μαγειρεύω *maghirevo*
cooked μαγειρεμένος *maghiremenos*
cooking μαγείρεμα *maghirema*; **to do
the cooking** κάνω το μαγείρεμα *kano
to maghirema*
cool δροσερός *throseros*
Corfu Κέρκυρα *kerkira*
corkscrew ανοιχτήρι *(n)* anihtiri,
τιρμπουσόν *(n)* tirbooson*
correct διορθώνω *thiorTHono*
cost *(v)* κοστίζω *kostizo*
cotton βαμβάκι *(n)* vamvaki; **made of
cotton** βαμβακερό *vamvakero*
cotton buds κιού τιπς *(npl)* kioo tips*
cotton wool βαμβάκι φαρμακείου *(n)*
vamvaki farmakioo
cough *(noun)* βήχας *(m)* vihas; **to have
a cough** έχω βήχα *eho viha*
cough *(v)* βήχω *viho*
count μετράω *metrao*
country χώρα *(f)* hora
countryside εξοχή *(f)* exohi
course: of course βεβαίως *veveos*,
φυσικά *fisika*
cover *(noun)* κάλυμα *(n)* kalima
cover *(v)* καλύπτω *kalipto*
credit card πιστωτική κάρτα *(f)*
pistotiki karta **36, 49, 83, 93**
cross *(noun)* σταυρός *(m)* stavros
cross *(v)* διασχίζω *thiashizo*,
διασταυρώνομαι *thiastavronome*
crossroads διασταύρωση *(f)*
thiastavrosi
cruise κρουαζιέρα *(f)* krooaziera
cry κλαίω *kleo*
cup φλυτζάνι *(n)* flitzani, κούπα *(f)* koopa
currency νόμισμα *(n)* nomisma
customs τελωνείο *(n)* telonio
cut κόβω *kovo*; **to cut oneself**
κόβομαι *kovome*
Cyclades Κυκλάδες *(fpl)* kiklathes

cycle path ποδηλατόδρομος *(m)*
pothilatothromos
Cyprus Κύπρος *(f)* kipros

damaged με βλάβη *me vlavi*
damp υγρός *ighros*
dance *(noun)* χορός *(m)* horos
dance *(v)* χορεύω *horevo*
dangerous επικίνδυνος *epikinthinos*
dark σκοτεινός *skotinos*, σκούρος
skooros; **dark blue** σκούρο μπλε
skooro ble
date *(n)* ημερομηνία *(f)* imerominia;
out of date ετεροχρονισμένος
eterohronizmenos
date: to date from... χρονολογείται
από... *hronologhite apo...*
date of birth ημερομηνία γεννήσεως
(f) imerominia yeniseos*
daughter κόρη *(f)* kori
day ημέρα *(f)* imera; **the day after
tomorrow** μεθαύριο *(n)* meTHavrio;
the day before yesterday προχτές
(n) prohtes*
dead πεθαμένος *peTHamenos*
deaf κουφός *koofos*
dear αγαπητός *aghapitos*
debit card χρεωστική κάρτα *(f)*
hreostiki karta
December Δεκέμβριος *(m)* thekemvrios
declare δηλώνω *thilono*
deep βαθύς *vaTHis*
degree βαθμός *(m)* vaTHmos, πτυχίο
(n) ptihio*
delay καθυστέρηση *(f)* kaTHisterisi
delayed καθυστερημένος
kaTHisterimenos
delicatessen ντελικατέσεν *(n)*
delikatesen
dentist οδοντίατρος *(m)* othodiatros
deodorant αποσμητικό *(n)* aposmitiko
department τμήμα *(n)* tmima
department store πολυκατάστημα
(n) polikatastima*

departure αναχώρηση *(f)* anahorisi

depend: that depends on εξαρτάται από... *exartate apo...*

deposit προκαταβολή *(f)* prokatavoli

dessert επιδόρπιο *(n)* epithorpio **47**

develop: to get a film developed δίνω ένα φιλμ για εμφάνιση thino ena film ya emfanisi

diabetes διαβήτης *(m)* thiavitis

dialling code κωδικός αριθμός *(m)* kothikos ariTHmos

diarrhoea: to have diarrhoea έχω διάρροια eho diaria

die πεθαίνω peTHeno

diesel πετρέλαιο petreleo

diet δίαιτα *(f)* thieta; **to be on a diet** κάνω δίαιτα kano thieta

different (from) διαφορετικός (από) thiaforetikos (apo)

difficult δύσκολος thiskolos

digital camera ψηφιακή φωτογραφική μηχανή *(f)* psifiaki fotoghrafiki mihani

dinner δείπνο *(n)* thipno, βραδυνό *(n)* vrathino; **to have dinner** δειπνώ thipno

direct άμεσος amesos, κατ'ευθείαν katefTHian

direction κατεύθυνση *(f)* katefTHinsi

directory τηλεφωνικός κατάλογος *(m)* tilefonikos kataloghos

directory enquiries πληροφορίες καταλόγου *(fpl)* plirofories kataloghoo

dirty βρώμικος vromikos

disabled ανάπηρος *(m)* anapirosb **112**

disaster καταστροφή *(f)* katastrofi

disco ντίσκο *(f)* disko

discount έκπτωση *(f)* ekptosi **71**; **to give someone a discount** κάνω σε κάποιον έκπτωση kano se kapion ekptosi

discount fare μειωμένο εισιτήριο *(n)* miomeno isitirio

dish πιάτο *(n)* piato; **dish of the day** πιάτο ημέρας *(n)* piato imeras

dishes πιάτα *(npl)* piata; **to do the**

dishes πλένω τα πιάτα pleno ta piata

dish towel πετσέτα της κουζίνας *(f)* petseta tis koozinas

dishwasher πλυντήριο πιάτων *(n)* plidirio piaton

disinfect απολυμαίνω apolimeno

disposable μίας χρήσης mias hrisis

disturb ενοχλώ enohlo; **do not disturb** μην ενοχλείτε min enohlite

dive βουτώ vooto

diving κατάδυση *(f)* katathisi; **to go diving** κάνω καταδύσεις kano katathisis

do κάνω kano; **do you have a light?** έχετε φωτιά; ehete fotia?

doctor γιατρός *(m)* yatros **104**

door πόρτα *(f)* porta

door code κωδικός εισόδου *(m)* kothikos isothou

downstairs κάτω kato

draught beer μπύρα χύμα *(f)* bira hima

dress: to get dressed ντύνομαι dinome

dressing επίδεσμος *(m)* epithesmos

drink *(noun)* ποτό *(n)* poto; **to go for a drink** πάω για ένα ποτό pao ya ena poto **44**; **to have a drink** πίνω ένα ποτό pino ena poto

drink *(v)* πίνω pino

drinking water πόσιμο νερό *(n)* posimo nero

drive *(noun)* **to go for a drive** πάω βόλτα με το αυτοκίνητο pao volta me to aftokinito

drive *(v)* οδηγώ othigho

driving licence άδεια οδήγησης *(f)* athia othighisis

drops σταγόνες *(fpl)* staghones

drown πνίγω pnigho, πνίγομαι pnighome

drugs ναρκωτικά *(npl)* narkotika

drunk μεθυσμένος meTHizmenos

dry *(adj)* στεγνός steghnos

dry *(v)* στεγνώνω steghnono

dry cleaner's στεγνοκαθαριστήριο *(n)* steghnokaTHaristirio

duck πάπια *(f)* papia

during κατά τη διάρκεια kata ti thiarkia; **during the week** κατά τη διάρκεια της εβδομάδας kata ti thiarkia tis evthomathas

dustbin καλάθι αχρήστων *(n)* kalaTHi ahriston, σκουπιδοντενεκές *(m)* skoopithodenekes

duty chemist's εφημερεύον φαρμακείο *(n)* efimerevon farmakio

each κάθε kaTHe; **each one** καθένας kaTHenas

ear αυτί *(n)* afti

early νωρίς noris

earplugs ωτοασπίδες *(fpl)* otoaspithes

earrings σκουλαρίκια *(npl)* skoolarikia

earth γη *(f)* ghi

east ανατολή *(f)* anatoli; **in the east** στην ανατολή stin anatoli; **(to the) east of** ανατολικά του anatolika too

Easter Πάσχα *(n)* pasha

easy εύκολος efkolos

eat τρώω troo **44**

economy class οικονομική θέση *(f)* ikonomiki THesi

Elastoplast® χανζαπλάστ *(n)* hanzaplast

electric ηλεκτρικός ilektrikos

electricity ηλεκτρισμός *(m)* ilektrizmos

electricity meter μετρητής ηλεκτρικού ρεύματος *(m)* metritis ilektrikoo revmatos

electric shaver ξυριστική μηχανή *(f)* xiristiki mihani

e-mail ηλεκτρονικό ταχυδρομείο *(n)* ilektroniko tahithromio, ιμέιλ *(n)* imeil

e-mail address ηλεκτρονική διεύθυνση *(f)* ilektroniki thiefTHinsi **18**, **96**

embassy πρεσβεία *(f)* presvia **111**

emergency επείγον epighon; **in an emergency** σε έκτακτη ανάγκη se ektakti anagi

emergency exit έξοδος κινδύνου *(f)* exothos kinthinoo

empty άδειος athios

end τέλος *(n)* telos; **at the end of** στο τέλος του sto telos too; **at the end of the street** στο τέλος του δρόμου sto telos too thromoo

engaged απασχολημένος apasholimenos

engine μηχανή *(f)* mihani

England Αγγλία *(f)* anglia

English (noun) (language) Αγγλικά anglika

English (adj) Αγγλικός anglikos; **English person** Άγγλος *(m)* anglos, Αγγλίδα *(f)* anglitha

enough αρκετός arketos; **that's enough** είναι αρκετό ine arketo

entrance είσοδος *(f)* isothos

envelope φάκελλος *(m)* fakelos

epileptic επιληπτικός epiliptikos

equipment εξοπλισμός *(m)* exoplizmos

espresso εσπρέσο *(m)* espreso

euro ευρώ *(n)* evro

Eurocheque επιταγή σε ευρώ *(f)* epitaghi se evro

Europe Ευρώπη *(f)* evropi

European ευρωπαϊκός evropaikos

evening βράδυ *(n)* vrathi; **in the evening** το βράδυ to vrathi

every κάθε kaTHe; **every day** κάθε μέρα kaTHe mera

everybody, everyone όλοι oli, καθένας kaTHenas

everywhere παντού padoo

except εκτός ektos

exceptional εξαιρετικός exeretikos

excess πλεόνασμα *(n)* pleonasma

exchange συνάλλαγμα *(n)* sinalaghma

exchange rate τιμή συναλλάγματος *(f)* timi sinalaghmatos

excuse (noun) δικαιολογία *(f)* thikeologhia

excuse *(v)* **excuse me** με συγχωρείτε *me sinhorite*

exhaust εξαντλώ *exadlo*

exhausted εξαντλημένος *exandlimenos*

exhaust pipe εξάτμιση *(f) exatmisi*

exhibition έκθεση *(f) ekTHesi* **70**, **71**

exit έξοδος *(f) exothos*

expensive ακριβός *akrivos*

expiry date ημερομηνία λήξης *(f) imerominia lixis*

express *(adj)* ταχύς *tahis*

extra επιπλέον *epipleon*

eye μάτι *(n) mati*

face πρόσωπο *(n) prosopo*

facecloth πετσέτα προσώπου *(f) petseta prosopoo*

fact γεγονός *(n) yeghonos;* **in fact** στην πραγματικότητα *stin praghmatikotita*

faint λιποθυμώ *lipoTHimo*

fair *(noun)* πανηγύρι *(n) panighiri*

fall *(v)* πέφτω *pefto;* **to fall asleep** αποκοιμιέμαι *apokimieme;* **to fall ill** αρρωσταίνω *arosteno*

family οικογένεια *(f) ikoyenia*

fan βεντάλια *(f) vedalia,* ανεμιστήρας *(m) anemistiras*

far μακρυά *makria;* **far from** μακρυά από *makria apo*

fare εισιτήριο *(n) isitirio,* ναύλα *(npl) navla*

fast γρήγορα *ghrighora*

fast-food restaurant φάστ φουντ *(n) fast food*

fat χοντρός *hondros*

father πατέρας *(m) pateras*

favour χάρη *(f) hari;* **to do someone a favour** κάνω σε κάποιον μία χάρη *kano se kapion mia hari*

favourite αγαπημένος *aghapimenos*

fax φαξ *(n) fax*

February Φεβρουάριος *(m) fevrooarios*

fed up: to be fed up (with) έχω βαρεθεί (με) *eho vareTHi (me)*

feel αισθάνομαι *esTHanome,* νιώθω *nioTHo;* **to feel good/bad** νιώθω καλά/άσχημα *nioTHo kala/ashima*

feeling συναίσθημα *(n) sinesTHima*

ferry φεριμπότ *(n) feribot*

festival γιορτή *(f) yorti,* φεστιβάλ *(n) festival*

fetch: to go and fetch someone/ something πηγαίνω και φέρνω κάποιον/κάτι *piyeno ke ferno kapion/ kati*

fever πυρετός *(m) piretos;* **to have a fever** έχω πυρετό *eho pireto*

few λίγοι *(m) lighi,* λίγες *(f) liyes,* λίγα *(n) ligha*

fiancé αρραβωνιαστικός *aravoniastikos*

fiancée αρραβωνιαστικιά *aravoniastikia*

fight *(n)* πάλη *(f) pali,* καβγάς *(m) kavghas*

fill γεμίζω *yemizo*

fill in συμπληρώνω *siblirono*

fill up: to fill up with petrol γεμίζω (εντελώς) βενζίνη *yemizo (edelos) venzini*

filling *(in tooth)* σφράγισμα *(n) sfraghisma*

film *(for camera)* φιλμ *(n) film* **90;** *(movie)* ταινία *(f) tenia*

finally τελικά *telika*

find βρίσκω *vrisko*

fine *(noun)* πρόστιμο *(n) prostimo*

fine *(adj)* καλά *kala;* **I'm fine** είμαι καλά *ime kala*

finger δάχτυλο *(n) thahtilo*

finish τελειώνω *teliono*

fire φωτιά *(f) fotia;* **fire!** φωτιά! *fotia!*

fire brigade πυροσβεστική *(f) pirozvestiki*

fireworks πυροτεχνήματα *(npl) pirotehnimata*

first πρώτος *protos;* **first (of all)** πρώτα απ' όλα *prota apola*

first class πρώτη(ς) τάξη(ς) *(f) proti(s) taxi(s)*

first floor πρώτος όροφος *(m) protos orofos*

first name μικρό όνομα *(n) mikro onoma*

fish *(noun)* ψάρι *(n) psari*

fishmonger's, fish shop ψαράδικο *(n) psarathiko*

fitting room δοκιμαστήριο *(n) thokimastirio*

fizzy αεριούχος *aerioohos*

flash φλας *(n) flas*

flask φιάλη *(f) fiali,* παγούρι *(n) paghoori*

flat *(adj)* επίπεδος *epipethos;* **flat tyre** ξεφούσκωτο λάστιχο *(n) xefooskoto lastiho*

flat *(noun)* διαμέρισμα *(n) thiamerisma*

flavour γεύση *(f) yefsi*

flaw ατέλεια *(f) atelia,* ψεγάδι *(n) pseghathi*

flight πτήση *(f) ptisi*

flip-flops σαγιονάρες *(fpl) sayonares*

floor *(ground)* πάτωμα *(n) patoma;* *(storey)* όροφος *(m) orofos;* **on the floor** πάνω στο πάτωμα *pano sto patoma*

flu γρίπη *(f) ghripi*

fly *(noun)* μύγα *(f) migha*

fly *(v)* πετάω *petao*

food τροφή *(f) trofi* **84**

food poisoning τροφική δηλητηρίιαση *trofiki thilitiriasi*

foot πόδι *(n) pothi*

for για *ya;* **for an hour** για μία ώρα *ya mia ora*

forbidden απαγορευμένος *apaghorevmenos*

forecast *(noun)* πρόγνωση *(f) proghnosi*

forehead μέτωπο *(n) metopo*

foreign ξένος *xenos*

foreigner αλλοδαπός *(m) alothapos,* ξένος *(m) xenos*

forest δάσος *(n) thasos*

fork πηρούνι *(n) pirooni*

former πρώην *proin*

forward *(adj)* μπροστινός *brostinos*

fossil απολίθωμα *(n) apoliTHoma*

fountain συντριβάνι *(n) sidrivani*

fracture κάταγμα *(n) kataghma*

fragile εύθραυστος *efTHrafstos*

France Γαλλία *(f) ghalia*

free ελεύθερος *elefTHeros* **69**

freezer καταψύκτης *(m) katapsiktis*

fridge ψυγείο *(n) psighio*

fried τηγανητός *tighanitos*

friend φίλος *(m) filos,* φίλη *(f) fili*

from από *apo;* **from... to...** από… μέχρι… *apo… mehri…*

front μπροστά *brosta;* **in front of** μπροστά από *brosta apo*

fry τηγανίζω *tighanizo*

frying pan τηγάνι *(n) tighani*

full γεμάτος *yematos;* **full of** γεμάτος από *yematos apo*

full board δωμάτιο με πλήρη διατροφή *(n) thomatio me pliri thiatrofi*

fun διασκέδαση *(f) thiaskethasi*

funfair λούνα πάρκ *(n) loona park*

fuse ασφάλεια *(f) asfalia*

G

gallery γκαλερί *(f) galeri*

game παιχνίδι *(n) pehnithi* **80**

garage γκαράζ *(n) garaz* **31**

garden κήπος *(m) kipos*

gas αέριο *(n) aerio*

gas cylinder φιάλη αερίου *(f) fiali aerioo*

gastric flu γαστρεντερίτιδα *(f) ghastrenderititha*

gate πύλη *(f) pili*

gauze γάζα *(f) ghaza*

gay ομοφυλόφιλος *omofilofilos*

gearbox κουτί ταχυτήτων *(n) kooti tahititon*

general γενικά *yenika*

gents' (toilet) αντρών *andron*

Germany Γερμανία *(f) yermania*

get παίρνω *perno*

get off κατεβαίνω *kateveno* **29**

get up σηκώνομαι *sikonome*

gift wrap περιτύλιγμα *(n) peritilighma*

girl κορίτσι *(n) koritsi*
girlfriend φιλενάδα *(f) filenatha*
give δίνω *thino*
give back επιστρέφω *epistrefo*
glass ποτήρι *(n) potiri*; **a glass of water/wine** ένα ποτήρι νερό/κρασί *ena potiri nero/krasi*
glasses γυαλιά *(npl) yalia*
gluten-free χωρίς γλουτένη *horis ghlooteni*
go πηγαίνω *piyeno*, πάω *pao*; **to go to Athens/to Greece** πάω στην Αθήνα/στην Ελλάδα *pao stin aTHina/stin elatha*; **we're going home tomorrow** πάμε σπίτι αύριο *pame spiti avrio*
go away φεύγω μακριά *fevgho makria*
go in μπαίνω μέσα *beno mesa*
go out βγαίνω έξω *vyeno exo*
go with *(match)* συνδοιάζω *sinthiazo*
golf γκόλφ *(n) golf*
golf course γήπεδο του γκολφ *(n) ghipetho too golf*
good καλός *kalos*; **good morning** καλό πρωί *kalo proi*, καλημέρα *kalimera*; **good afternoon** καλό μεσημέρι *kalo mesimeri*; **good evening** καλό απόγευμα *kalo apoyevma*, καλό βράδυ *kalo vrathi*
goodbye γειά *ya*, αντίο *adio*
goodnight καληνύχτα *(f) kalinihta*
goods αγαθά *(npl) aghatha*
GP παθολόγος *(m) pathologhos*
grams γραμμάρια *(npl) ghramaria*
grass γρασίδι *(n) ghrasithi*
great απίθανος *apiTHanos*
Great Britain Μεγάλη Βρετανία *(f) meghali vretania*
Greece Ελλάδα *(f) elatha*
Greek *(noun)* Έλληνας *(m) elinas*, Ελληνίδα *(f) elinitha*
Greek *(adj)* ελληνικός *elinikos*
green πράσινος *prasinos*
grey γκρι *gri*
grocer's μανάβικο *(n) manaviko*
ground έδαφος *(n) ethafos*; **on the ground** πάνω στο έδαφος *pano sto ethafos*
ground floor ισόγειο *(n) isoghio*
ground sheet μουσαμάς εδάφους *(m) moosamas ethafoos*
grow μεγαλώνω *meghalono* αυξάνομαι *afxanome*
guarantee εγγύηση *(f) egiisi*
guest φιλοξενούμενος *(m) filoxenoomenos*
guest house πανσιόν *(f) pansion*
guide *(noun) (book)* οδηγός *(m) othighos* **64**; *(person)* ξεναγός *(m) xenaghos*
guidebook οδηγός *(m) othighos*
guided tour ξενάγηση *(f) xenaghisi*
gynaecologist γυναικολόγος *(m) ghinekologhos*

H

hair μαλλιά *(npl) malia*
hairdresser κομμωτήριο *(n) komotirio*
hairdrier σεσουάρ *(n) sesooar*
half μισός *misos*; **half a litre/kilo** μισό λίτρο/κιλό *miso litro/kilo*; **half an hour** μισή ώρα *misi ora*
half-board ημιδιατροφή *(f) imithiatrofi*
hand χέρι *(n) heri*
handbag τσάντα χειρός *(f) tsada hiros*
handbrake χειρόφρενο *(n) hirofreno*
handicapped ανάπηρος *anapiros*
handkerchief μαντήλι *(n) madili*
hand luggage χειραποσκευή *(f) hiraposkevi* **25**
hand-made χειροποίητος *hiropiitos*
hangover πονοκέφαλος μετά από μέθη *(m) ponokefalos meta apo meTHi*, χανκόβερ *(n) hankover*
happen συμβαίνω *simveno*
happy ευτυχισμένος *eftihizmenos*
hard σκληρός *skliros*
hashish χασίς *(n) hasis*
hat καπέλο *(n) kapelo*
hate *(v)* μισώ *miso*

have έχω *eho*

have to πρέπει να *prepi na;* **I have to go to** πρέπει να πάω *prepi na pao*

hay fever αλλεργική καταρροή (f) *alerghiki kataroi*

he αυτός *aftos*

head κεφάλι (n) *kefali*

headache: to have a headache πονοκέφαλος (m) *ponokefalos,* έχω πονοκέφαλο *eho ponokefalo*

headlight προβολέας (m) *provoleas*

health υγεία (f) *ighia*

hear ακούω *akooo*

heart καρδιά (f) *karthia*

heart attack καρδιακή προσβολή (f) *karthiaki prozvoli*

heat (noun) ζέστη (f) *zesti*

heating θέρμανση (f) *THermansi*

heavy βαρύς *varis*

hello γειά *ya*

helmet κράνος (n) *kranos*

help (noun) βοήθεια *voiTHia* **110; to call for help** φωνάζω βοήθεια *fonazo voiTHia;* **help!** βοήθεια! *voiTHia!*

help (v) βοηθώ *voiTHo*

her αυτή (m) *afti,* την (f) *tin,* της (z) *tis;* **it's her!** αυτή είναι! *afti ine!;* **I love her** την αγαπώ *tin aghapo;* **her book** το βιβλίο της *to vivlio tis*

here εδώ *etho;* **here is/are** εδώ είναι *etho ine*

hers αυτής *aftis*

herself ο εαυτός της *o eaftos tis*

hi! γειά *ya*

hi-fi χάι-φάι (n) *hai-fai*

high ψηλός *psilos*

high blood pressure υψηλή πίεση (f) *ipsili piesi*

high tide παλίρροια (f) *paliria*

hiking πεζοπορία (f) *pezoporia;* **to go hiking** πάω για πεζοπορία *pao ya pezoporia* **76**

hill λόφος (m) *lofos*

him αυτός (m) *aftos,* αυτόν (f) *afton,* τον (n) *ton;* **it's him!** αυτός είναι! *aftos ine!;* **I love him** τον αγαπώ *ton*

aghapo; **this prize belongs to him** αυτό το βραβείο ανήκει σ'αυτόν *afto to vravio aniki safton*

himself ο εαυτός του *o eaftos too*

hip γοφός (m) *ghofos*

hire (noun) ενοικίαση (f) *enikiasi*

hire (v) ενοικιάζω *enikiazo* **31, 75, 78**

his δικός του *thikos too,* του *too;* **this book is his** αυτό το βιβλίο είναι δικό του *afto to vivlio ine thiko too;* **a friend of his** ένας φίλος του *enas filos too*

hitchhike κάνω ωτοστόπ *kano otostop*

hold κρατάω *kratao*

hold on! (on the phone) περίμενε! *perimene!*

holiday(s) διακοπές (fpl) *thiakopes;* **on holiday** σε διακοπές *se thiakopes* **16**

Holland Ολλανδία (f) *olanthia*

home σπίτι (n) *spiti;* **at home** στο σπίτι *sto spiti;* **to go home** πάω σπίτι *pao spiti*

homosexual ομοφυλόφιλος (m) *omofilofilos*

honest έντιμος *edimos*

honeymoon μήνας του μέλιτος (m) *minas too melitos*

horse άλογο (n) *alogho*

hospital νοσοκομείο (n) *nosokomio*

hot καυτός *kaftos;* **it's hot** είναι πολύ ζεστό *ine poli zesto,* κάιει *kei;* **hot drink** ζεστό ρόφημα *zesto rofima*

hot chocolate ζεστή σοκολάτα (f) *zesti sokolata*

hotel ξενοδοχείο (n) *xenothohio*

hotplate μάτι κουζίνας (n) *mati koozinas*

hour ώρα (f) *ora;* **an hour and a half** μία ώρα και μισή *mia ora ke misi*

house σπίτι (n) *spiti*

housework δουλειές του σπιτιού (fpl) *thoolies too spitioo;* **to do the housework** κάνω τις δουλειές του σπιτιού *kano tis thoolies too spitioo*

how πως *pos;* **how are you?** πώς είσαι; *pos ise?*

hunger πείνα (f) *pina*

hungry: to be hungry πεινάω *pinao*
hurry: to be in a hurry είμαι
βιαστικός *ime viastikos*
hurry (up) βιάσου *viasoo*
hurt: it hurts πονάει *ponai*; **my head
hurts** πονάει το κεφάλι μου *ponai to
kefali moo* **106**
husband σύζυγος *sizighos*

I

I εγώ *egho*; **I'm English** είμαι Άγγλος
(m)/Αγγλίδα *(f) ime anglos/anglitha*;
I'm 22 (years old) είμαι είκοσι δύο
χρονών *ime ikosi thio hronon*
ice πάγος *(m) paghos*
ice cream παγωτό *(n) paghoto*
ice cube παγάκι *(n) paghaki*
identity card ταυτότητα *(f) taftotita*
if αν *an*
ill άρρωστος *arostos*
illness αρρώστια *(f) arostia*
important σημαντικός *simadikos*
in μέσα *mesa*; **in Greece** στην Ελλάδα
stin elatha; **in Greek** στα ελληνικά *sta
elinika*; **in 2006** στο 2006 *sto 2006*; **in
the 19th century** στο δέκατο ένατο
αιώνα *sto thekato enato eona*; **in an
hour** σε μία ώρα *se mia ora*
included συμπεριλαμβανομένου
siberilamvanomenoo **38, 41, 50**
independent ανεξάρτητος
anexartitos
indicator φλας *flas*
infection μόλυνση *(f) molinsi*
information πληροφορία *(f) pliroforia* **69**
injection ένεση *(f) enesi*
injured πληγωμένος *plighomenos*
insect έντομο *(n) edomo*
insecticide εντομοκτόνο *(n) edomoktono*
inside μέσα *mesa*
insomnia αϋπνία *(f) aipnia*
instant coffee στιγμιαίος καφές *(m)
stighmieos kafes*
instead αντί *adi*; **instead of** αντί για
adi ya

insurance ασφάλεια *(f) asfalia*
intend to σκοπεύω να *skopevo na*
international διεθνής *thieTHnis*
Internet διαδίκτυο *(n) thiathiktio*
Internet café ίντερνετ καφέ *(n)
internet kafe* **96**
invite προσκαλώ *proskalo*
Ionian islands Επτάνησα *(npl)
eptanisa*
Ionian sea Ιόνιο πέλαγος *(n) ionio
pelaghos*
Ireland Ιρλανδία *(f) irlanthia*
Irish ιρλανδικός *irlanthikos*
iron *(noun)* σίδερο *(n) sithero*
iron *(v)* σιδερώνω *sitherono*
island νησί *(n) nisi*
it αυτό *afto*; **it's beautiful** είναι
όμορφο *ine omorfo*; **it's warm** είναι
ζεστό *ine zesto*
Italy Ιταλία *(f) italia*
itchy: it's itchy με φαγούρα *me
faghoora*, με τρώει *me troi*
item κομμάτι *(n) komati*

J

jacket σακάκι *(n) sakaki*
January Ιανουάριος *(m) ianooarios*
jetlag τζετ-λαγκ *(n) jet-lag*
jeweller's κοσμηματοπωλείο *(n)
kozmimatopolio*
jewellery κόσμημα *(n) kozmima*
job δουλειά *(f) thoolia*
jogging τζόγκινγκ *(n) joging*
journey ταξίδι *(n) taxithi*
jug κανάτα *(f) kanata*
juice χυμός *(m) himos*
July Ιούλιος *(m) ioolios*
jumper πουλόβερ *(n) poolover*
June Ιούνιος *(m) ioonios*
just μόλις *molis*; **just before** μόλις
πριν *molis prin*; **just a little** μόνο
λίγο *mono ligho*; **just one** μόνο ένα
mono ena; **I've just arrived** μόλις
έφτασα *molis eftasa*; **just in case** σε
περίπτωση *se periptosi*

K

kayak καγιάκ (n) kayak
keep κρατάω kratao
key κλειδί (n) klithi **31**, **41**
kidney νεφρό (n) nefro
kill σκοτώνω skotono
kilometre χιλιόμετρο (n) hiliometro
kind (noun) είδος (n) ithos; **what kind of…?** τι είδους…; ti ithoos…?
kitchen κουζίνα (f) koozina
knee γόνατο (n) ghonato
knife μαχαίρι (n) maheri
knock down ρίχνω rihno, χτυπώ htipo
know γνωρίζω ghnorizo, ξέρω xero; **I don't know** δεν ξέρω then xero

L

ladies' (toilet) γυναικών ghinekon
lake λίμνη (f) limni
lamp λάμπα (f) laba
landmark ορόσημο (n) orosimo
landscape τοπίο (n) topio
language γλώσσα (f) ghlosa
laptop λαπ-τοπ (n) lap-top
last (adj) τελευταίος telefteos; **last year** πέρσυ persi
last (v) διαρκώ thiarko
late αργά argha
late-night opening ανοιχτά έως αργά anihta eos argha
laugh γέλιο (n) yelio
lawyer δικηγόρος (m) thikighoros
leaflet διαφημιστικό φυλλάδιο (n) thiafimistiko filathio
leak (noun) διαρροή (f) thiaroi
learn μαθαίνω maTHeno
least: the least το ελάχιστο to elahisto; **at least** τουλάχιστον toolahiston
leave φεύγω fevgho, αφήνω afino
left αριστερά aristera; **to the left (of)** στα αριστερά (του) sta aristera (too)
left-luggage (office) φύλαξη αποσκευών (f) filaxi aposkevon

leg πόδι (n) pothi
lend δανείζω thanizo
lens φακός (m) fakos
lenses φακοί (mpl) faki
less λιγότερο lighotero; **less than** λιγότερο από lighotero apo
let ενοικιάζω enikiazo
letter γράμμα (n) ghrama
letterbox γραμματοκιβώτιο (n) ghramatokivotio
library βιβλιοθήκη (f) vivlioTHiki
life ζωή (f) zoi
lift ασανσέρ (n) asanser **38**
light (adj) φωτεινός fotinos; **light blue** ανοιχτό μπλε anihto ble
light (noun) φως (n) fos; **do you have a light?** έχετε φωτιά; ehete fotia?
light (v) φωτίζω fotizo
light bulb λάμπα (f) laba
lighter φωτεινότερος fotinoteros
lighthouse φάρος (m) faros
like (adv) σαν san
like (v) αρέσω areso **18**, **19**; **I'd like…** θα ήθελα… THa iTHela…
line γραμμή (f) ghrami **29**
lip χείλος (n) hilos
listen ακούω akooo
litre λίτρο (n) litro
little (adj) λίγος lighos
little (adv) λίγα ligha
live ζω zo
liver συκώτι (n) sikoti
living room καθιστικό (n) kaTHistiko
local time τοπική ώρα (f) topiki ora
lock κλειδώνω klithono
long μακρύς makris; **a long time** πολύ ώρα poli ora; **how long… ?** πόσο μακριά…; poso makria…?
look κοιτάζω kitazo; **to look tired** φαίνομαι κουρασμένος fenome koorazmenos
look after φροντίζω frondizo
look at κοιτάζω kitazo
look for αναζητώ anazito, ψάχνω psahno **12**, **82**

look like μοιάζω *miazo*
lorry φορτηγό *(n) fortigho*
lose χάνω *hano* **31, 111; to get lost** χάνομαι *hanome;* **to be lost** χάθηκα *haTHika*
lot: a lot (of) πολύ *poli*
loud βροντερός *vroderos,* ηχηρός *ihiros*
low χαμηλός *hamilos*
low blood pressure χαμηλή πίεση *(f) hamili piesi*
low-fat χαμηλά λιπαρά *hamila lipara*
low tide άμπωτη *(f) aboti*
luck τύχη *(f) tihi*
lucky: to be lucky είμαι τυχερός *ime tiheros*
luggage αποσκευή *(f) aposkevi* **25, 26**
lukewarm χλιαρός *hliaros*
lunch γεύμα *(n) yevma;* **to have lunch** γευματίζω *yevmatizo*
lung πνεύμονας *(m) pnevmonas*
Luxembourg Λουξεμβούργο *(n) looxemvoorgho*
luxury *(noun)* πολυτέλεια *(f) politelia*
luxury *(adj)* πολυτελύς *politelis*

M

magazine περιοδικό *(n) periothiko*
maiden name πατρικό όνομα *(n) patriko onoma*
mail *(v)* ταχυδρομώ *tahithromo*
main κύριος *kirios*
main course κυρίως πιάτο *(n) kirios piato*
make φτιάχνω *ftiahno,* κάνω *kano*
man άντρας *(m) adras*
manage διευθύνω *thiefTHino;* **to manage to do something** καταφέρνω να κάνω κάτι *kataferno na kano kati*
manager διευθυντής *(m) thiefTHidis*
many πολλοί *poli;* **how many?** πόσοι πολλοί; *posi poli?;* **how many times…?** πόσες φορές…; *poses fores…?*

map χάρτης *(m) hartis* **12, 28, 62, 69**
March Μάρτιος *(m) martios*
marina μαρίνα *(f) marina*
market αγορά *(f) aghora* **84**
married παντρεμένος *padremenos*
mass μαζικός *mazikos*
match *(for fire)* σπίρτο *(n) spirto;* *(game)* μάτς *(n) mats*
material υλικό *(n) iliko*
matter: it doesn't matter δεν πειράζει *then pirazi*
mattress στρώμα *(n) stroma*
May Μάιος *(m) maios*
maybe ίσως *isos*
me με *me,* εμένα *emena,* μου *moo;* **do you love me?** με αγαπάς; *me aghapas?;* **are you talking to me?** μιλάς σε εμένα; *milas se emena?;* **give me a pencil** δώσε μου ένα μολύβι *those moo ena molivi*
meal γεύμα *(n) yevma*
mean εννοώ *enoo;* **what does… mean?** τι σημαίνει…; *ti simeni…?*
medicine φάρμακο *(n) farmako*
Mediterranean sea Μεσόγειος θάλασσα *(f) mesoghios THalasa*
medium μεσαίο *meseo*
meet συναντώ *sinado* **62**
meeting συνάντηση *(f) sinadisi*
member μέλος *(n) melos*
menu μενού *(n) menoo*
message μήνυμα *(n) minima* **99**
meter μετρητής *(m) metritis*
metre μέτρο *(n) metro*
microwave μικροκύμα *(n) mikrokima*
midday μεσημέρι *(n) mesimeri*
middle μέση *(f) mesi;* **in the middle (of)** στη μέση *sti mesi*
midnight μεσάνυχτα *(npl) mesanihta*
might: it might rain μπορεί να βρέξει *bori na vrexi*
mill μύλος *(m) milos*
mind: I don't mind δεν με πειράζει *then me pirazi*
mine δικός μου *(m) thikoz moo,* δική μου *(f) thiki moo,* δικό μου *(n) thiko*

moo; **this mirror is mine** αυτός ο
καθρέφτης είναι δικός μου *aftos o
kaTHreftis ine thikoz moo*; **this bag is
mine** αυτή η τσάντα είναι δική μου
afti i tsada ine thiki moo; **this child is
mine** αυτό το παιδί είναι δικό μου
afto to pethi ine thiko moo
mineral water μεταλλικό νερό *(n)*
metaliko nero
minister υπουργός *(m) ipoorghos*
minute λεπτό *(n) lepto*; **at the last
minute** την τελευταία στιγμή *tin
teleftea stighmi*
mirror καθρέφτης *(m) kaTHreftis*
Miss δεσποινίς *(f) thespinis*
miss χάνω *hano*; **we missed the
train** χάσαμε το τρένο *hasame to
treno*; **there are two... missing**
λείπουν δύο... *lipoon thio...*
mistake λάθος *laTHos* **49**; **to make
a mistake** κάνω ένα λάθος *kano ena
laTHos* **83**
mobile (phone) κινητό (τηλέφωνο)
(n) kinito (tilefono) **99**
modern μοντέρνος *modernos*
moisturizer ενυδατικός *enithatikos*
moment στιγμή *(f) stighmi*; **at the
moment** αυτή τη στιγμή *afti ti stighmi*
monastery μοναστήρι *(n) monastiri*
Monday Δευτέρα *(f) theftera*
money χρήματα *(n) hrimata* **82**
month μήνας *(m) minas*
monument μνημείο *(n) mnimio*
mood: to be in a good/bad mood
είμαι σε καλή διάθεση/σε κακή
διάθεση *ime se kali thiaTHesi/se kaki
thiaTHesi*
moon φεγγάρι *(n) fengari*
moped μοτοποδήλατο *(n)
motopothilato*
more περισσότερο *perisotero*; **more
than** περισσότερο από *perisotero
apo*; **much more, a lot more** πολύ
περισσότερο *poli perisotero*; **there's
no more ...** δεν υπάρχει άλλο... *then
iparhi alo...*

morning πρωινό *(n) proino*
morning-after pill το χάπι της
επόμενης μέρας *(n) to hapi tis
epomenis meras* **109**
mosque τζαμί *(n) tzami*
mosquito κουνούπι *(n) koonoopi*
mosquito net κουνουπιέρα *(n)
koonoopiera*
most: the most το πλείστο *to plisto*;
most people οι περισσότεροι
άνθρωποι *i perisoteri anTHropi*
mother μητέρα *(f) mitera*
motorbike μηχανή *(f) mihani*
motorway αυτοκινητόδρομος *(m)
aftokinitothromos*
mountain βουνό *(n) voono*
mountain bike ορειβατικό ποδήλατο
(n) orivatiko pothilato
mountain hut καταφύγιο *(n)
katafighio*
mouse ποντίκι *(n) podiki*
mouth στόμα *(n) stoma*
movie ταινία *(f) tenia*
Mr κύριος *(m) kirios*
Mrs κυρία *(f) kiria*
much: how much? πόσο; *poso?*;
how much is it? πόσο είναι; *poso
ine?*; **how much does it cost?** πόσο
κοστίζει; *poso kostizi?*
muscle μυς *(m) mis*
museum μουσείο *(n) moosio*
music μουσική *(f) moosiki*
must πρέπει *prepi*; **it must be 5
o'clock** πρέπει να είναι πέντε η ώρα
prepi na ine pede i ora; **I must go**
πρέπει να φύγω *prepi na figho*
my δικός μου *thikos moo*
myself ο εαυτός μου *o eaftos moo*

N

nail (on finger, toe) νύχι *(n) nihi*
naked γυμνός *ghimnos*
name όνομα *(n) onoma* **36**; **my name
is...** το όνομά μου είναι... *to onoma
moo ine...* **14, 100**

nap υπνάκος (m) ipnakos; **to have a nap** παίρνω έναν υπνάκο perno enan ipnako
napkin χαρτοπετσέτα (f) hartopetseta
nappy πάνα (f) pana
national holiday εθνική γιορτή (f) eTHniki ghiorti
nature φύση (f) fisi
near κοντά koda; **near the beach** κοντά στην παραλία koda stin paralia; **the nearest** το κοντινότερο to kodinotero
necessary απαραίτητος aparetitos
neck λαιμός (m) lemos
need (v) χρειάζομαι hriazome
neighbour γείτονας (m) ghitonas
neither: neither do I ούτε εγώ oote egho; **neither... nor...** ούτε... ούτε... oote... oote...
nervous νευρικός nevrikos
Netherlands Ολλανδία (f) olanthia
never ποτέ pote
new καινούργιος kenoorghios
news νέα (npl) nea, ειδήσεις (fpl) ithisis
newsagent πρακτορείο εφημερίδων (n) praktorio efimerithon
newspaper εφημερίδα (f) efimeritha
newsstand περίπτερο εφημερίδων (n) periptero efimerithon
next επόμενος epomenos
New Year Καινούργιος χρόνος (m) kenoorghios hronos
nice ωραίος oreos
night νύχτα (f) nihta **37**, **42**
nightclub νυχτερινό μαγαζί (n) nihterino maghazi
nightdress νυχτικό (n) nihtiko
no όχι ohi; **no, thank you** όχι, ευχαριστώ ohi, efharisto; **no idea** δεν έχω ιδέα then eho ithea
nobody κανείς kanis
noise θόρυβος (m) THorivos; **to make a noise** κάνω θόρυβο kano THorivo
noisy θορυβώδης THorivothis
non-drinking water μη πόσιμο νερό mi posimo nero

none κανένας kanenas
non-smoker μη καπνιστών (m) mi kapniston
noon μεσημέρι (n) mesimeri
north βορράς (m) voras; **in the north** στο βορρά sto vora; **(to the) north of** βόρια του voria too
nose μύτη (f) miti
not όχι ohi; **not yet** όχι ακόμη ohi akomi; **not at all** καθόλου kaTHoloo
note (noun) σημείωση (f) simiosi
note (v) σημειώνω simiono
notebook σημειωματάριο (n) simiomatario, τετράδιο (n) tetrathio
nothing τίποτε tipote
novel μυθιστόρημα (n) miTHistorima
November Νοέμβρης (m) noemvris
now τώρα tora
nowadays σήμερα simera, στην εποχή μας stin epohi mas
nowhere πουθενά pooTHena
number αριθμός (m) ariTHmos
nurse νοσοκόμα (f) nosokoma

O

obvious φανερός faneros
ocean ωκεανός (m) okeanos
o'clock: one o'clock μία η ώρα mia iora; **three o'clock** τρεις η ώρα tris i ora
October Οκτώμβριος (m) oktomvrios
of από apo
offer (noun) προσφορά (f) prosfora
offer (v) προσφέρω prosfero
often συχνά sihna
oil λάδι (n) lathi
ointment αλοιφή (f) alifi
OK εντάξει edaxi
old παλαιός paleos; **how old are you?** πόσο χρονών είσαι; poso hronon ise?; **old people** ηλικιωμένοι άνθρωποι (mpl) ilikiomeni anTHropi
old town παλιά πόλη (f) palia poli
on πάνω pano; **it's on at...** είναι πάνω στο... ine pano sto...

once μια φορά *mia fora*; **once a day/an hour** μια φορά την ημέρα/την ώρα *mia fora tin imera/tin ora*

one ένα *ena*

only μόνο *mono*

open *(adj)* ανοιχτός *anihtos* **71**

open *(v)* ανοίγω *anigho*

opening times ώρες λειτουργίας *ores litoorghias*

operate χειρίζομαι *hirizome*

operation εγχείρηση *(f)* *enhirisi*; **to have an operation** κάνω μία εγχείρηση *kano mia enhirisi*

opinion γνώμη *(f)* *ghnomi*; **in my opinion** κατά την γνώμη μου *kata tin ghnomi moo*

opportunity ευκαιρία *(f)* *efkeria*

opposite *(n)* αντίθετος *adiTHetos*

opposite *(prep)* απέναντι *apenadi*

optician οπτικός *(m)* *optikos*

or ή *i*

oracle μαντείο *(n)* *madio*

orange *(colour)* πορτοκαλί *(n)* *portokali*; *(fruit)* πορτοκάλι *(n)* *portokali*

orchestra ορχήστρα *(f)* *orhistra*

order *(noun)* σειρά *(f)* *sira*; *(of food)* παραγγελία *(f)* *paragelia*; **out of order** χαλασμένος *halasmenos*

order *(v)* *(food)* παραγγέλνω *paragelno* **46, 47**

organic οργανικός *orghanikos*

organize οργανώνω *orghanono*

other άλλος *alos*; **others** άλλοι *ali*

otherwise αλλιώς *alios*

our μας *mas*; **this is our house** αυτό είναι το σπίτι μας *afto ine to spiti mas*

ours δικός μας *thikos mas*; **this garden is ours** αυτός ο κήπος είναι δικός μας *aftos o kipos ine thikos mas*

outside έξω *exo*

oven φούρνος *(m)* *foornos*

over επάνω στο *epano sto*; **over there** εκεί πέρα *eki pera*

overdone παραψημένος *parapsimenos*

overweight: my luggage is

overweight η αποσκευή μου είναι υπέρβαρη *i aposkevi moo ine ipervari*

owe οφείλω *ofilo* **49, 83**

own *(adj)* δικός μου *thikos moo*; **my own car** το δικό μου αυτοκίνητο *to thiko moo aftokinito*

own *(v)* κατέχω *kateho*

owner ιδιοκτήτης *(m)* *ithioktitis*

pack: to pack one's suitcase ετοιμάζω τις βαλίτσες μου *etimazo tis valitses moo*

package holiday πακέτο διακοπών *(n)* *paketo thiakopon*

packed πακεταρισμένος *paketarizmenos*

packet πακέτο *(n)* *paketo*

painting ζωγραφική *(f)* *zoghrafiki*, πίνακας *(m)* *pinakas*

pair ζευγάρι *(n)* *zevghari*; **a pair of pyjamas** ένα ζευγάρι πυτζάμες *ena zevghari pitzames*; **a pair of shorts** σορτς *sorts*

palace παλάτι *(n)* *palati*

pants *(underwear)* *(for men)* σλιπ *(n)* *slip*; *(for women)* κυλότα *(n)* *kilota*; *(trousers)* παντελόνι *(n)* *padeloni*

paper χαρτί *(n)* *harti*; **paper napkin** χαρτοπετσέτα *(f)* *hartopetseta*; **paper tissue** χαρτομάντηλο *(n)* *hartomadilo*

parcel δέμα *(n)* *thema*, πακέτο *(n)* *paketo*

pardon? συγνώμη; *sighnomi?*

parents γονείς *(mpl)* *ghonis*

park *(n)* πάρκο *(n)* *parko*

park *(v)* παρκάρω *parkaro*

parking space θέση παρκαρίσματος *(f)* *THesi parkarizmatos*

part μέρος *(n)* *meros*; **to be a part of** είμαι ένα μέρος του *ime ena meros too*

party πάρτυ *(n)* *parti*

pass *(n)* πέρασμα *(n)* *perazma*

pass *(v)* περνώ *perno*

passenger επιβάτης (m) epivatis
passport διαβατήριο (n) thiavatirio
past (adj) περασμένος perazmenos; **a quarter past ten** δέκα και τέταρτο theka ke tetarto
path μονοπάτι (n) monopati 77
patient ασθενής (m) asTHenis
pay πληρώνω plirono 83
pedestrian πεζός (m) pezos
pedestrianized street πεζόδρομος (m) pezothromos
pee ουρώ ooro
peel ξεφλουδίζω xefloothizo
pen στυλό (n) stilo
pencil μολύβι (n) molivi
people άνθρωποι (m) anTHropi 45
percent ποσοστό (n) pososto
perfect τέλειος telios
perfume άρωμα (n) aroma
perhaps ίσως isos
periods περίοδοι (fpl) periothi
person άτομο (n) atomo
petrol βενζίνη (f) venzini 30
petrol station βενζινάδικο (n) venzinathiko
phone (noun) τηλέφωνο (n) tilefono
phone (v) τηλεφωνώ tilefono
phone box τηλεφωνικός θάλαμος (m) tilefonikos THalamos 99
phone call τηλεφώνημα (n) tilefonima; **to make a phone call** παίρνω τηλέφωνο perno tilefono
phonecard τηλεφωνική κάρτα (f) tilefoniki karta 99
phone number τηλεφωνικό νούμερο (n) tilefoniko noomero
photo φωτογραφία (f) fotoghrafia 90; **to take a photo** βγάζω μία φωτογραφία vghazo mia fotoghrafia; **to take someone's photo** βγάζω κάποιον φωτογραφία vghazo kapion fotoghrafia 90
picnic πικ νικ (n) pik nik; **to have a picnic** κάνω πικ νικ kano pik nik
pie πίτα (f) pita
piece κομμάτι (n) komati; **a piece of**

passenger ... a **piece of fruit** ένα κομμάτι φρούτου ena komati frootoo
piles αιμορροΐδες (fpl) emoroithes
pill χάπι (n) hapi; **to be on the pill** παίρνω αντισυλληπτικό χάπι perno adisiliptiko hapi 106
pillow μαξιλάρι (n) maxilari
pillowcase μαξιλαροθήκη (f) maxilaroTHiki
PIN (number) προσωπικός αριθμός (m) prosopikos ariTHmos
pink ροζ roz
Piraeus Πειραιάς (m) pireas
pity: it's a pity είναι κρίμα ine krima
place μέρος (n) meros
plan σχέδιο (n) shethio
plane αεροπλάνο (n) aeroplano
plant φυτό (n) fito
plaster (cast) γύψος (m) ghipsos
plastic πλαστικός plastikos
plastic bag πλαστική τσάντα (f) plastiki tsada 82
plate πιάτο (n) piato
platform πλατφόρμα (f) platforma 28
play (noun) παιχνίδι (n) pehnithi
play (v) παίζω pezo
please παρακαλώ parakalo
pleased ευχαριστημένος efharistemenos; **pleased to meet you!** χαίρομαι πολύ που σας γνωρίζω herome poli poo sas ghnorizo
pleasure ευχαρίστηση (f) efharistisi
plug (electrical) πρίζα (f) priza
plug in στην πρίζα stin priza, συνδεδεμένος sinthethemenos
plumber υδραυλικός (m) ithravlikos
point σημείο (n) simio
police αστυνομία (f) astinomia
policeman αστυνομικός (m) astinomikos
police station αστυνομικό τμήμα (n) astinomiko tmima 111
police woman αστυνομικίνα (f) astinomikina
poor φτωχός ftohos

port λιμάνι (n) limani
portrait πορτρέτο (m) portreto, προσωπογραφία (f) prosopoghrafia
Portugal Πορτογαλία (f) portoghalia
possible πιθανόν piTHanon
post (v) ταχυδρομώ tahithromo
postbox γραμματοκιβώτιο (n) ghramatokivotio 94
postcard κάρτα (f) karta
postcode ταχυδρομικός κώδικας (m) tahithromikos kothikas
poste restante ΠΟΣΤ ΡΕΣΤΑΝΤ post restad
poster αφίσα (f) afisa, πόστερ (n) poster
postman ταχυδρόμος (m) tahithromos
post office ταχυδρομείο (n) tahithromio 94, 95
pot κατσαρόλα (f) katsarola
pound λίρα (f) lira
powder σκόνη (f) skoni
practical πρακτικός praktikos
pram καροτσάκι (n) karotsaki
prefer προτιμώ protimo
pregnant έγκυος egios 106
prepare προετοιμάζω proetimazo
present δώρο (n) thoro 87
press τύπος (m) tipos
pressure πίεση (f) piesi
previous προηγούμενος proighoomenos
price τιμή (f) timi
private ιδιωτικός ithiotikos
prize βραβείο (n) vravio
probably πιθανόν piTHanon
problem πρόβλημα (n) provlima
procession παρέλαση (f) parelasi
product προϊόν (n) proion
profession επάγγελμα (n) epagelma
programme πρόγραμμα (n) proghrama
promise υπόσχεση (f) iposhesi
propose προτείνω protino
protect προστατεύω prostatevo
proud (of) περήφανος (για) perifanos (ya)

public κοινό (n) kino
public holiday αργία (f) arghia
pull τραβάω travao
purple μωβ (n) mov
purpose: on purpose επίτηδες epitithes
purse πορτοφόλι (n) portofoli
push σπρώχνω sprohno
pushchair παιδικό καρότσι (n) pethiko karotsi
put βάζω vazo
put out βγάζω vghazo
put up υψώνω ipsono
put up with ανέχομαι anehome

Q

quality ποιότητα (f) piotita; **of good/ bad quality** καλή/κακή ποιότητα (f) kali/kaki piotita
quarter τέταρτο (n) tetarto; **a quarter of an hour** ένα τέταρτο της ώρας ena tetarto tis oras; **a quarter to ten** δέκα παρά τέταρτο theka para tetarto
quay αποβάθρα (f) apovaTHra
question ερώτηση (f) erotisi
queue (n) ουρά oora, σειρά (f) sira
queue (v) περιμένω στην ουρά perimeno stin oora
quick γρήγορος ghrighoros
quickly γρήγορα ghrighora
quiet ήσυχος isihos
quite εντελώς edelos; **quite a lot of** αρκετό από arketo apo

R

racist ρατσιστής ratsistis
racket ρακέτα (f) raketa
radiator καλοριφέρ (n) kalorifer
radio ραδιόφωνο (n) rathiofono
radio station ραδιοφωνικός σταθμός (m) rathiofonikos staTHmos
rain (noun) βροχή (f) vrohi
rain (v) **it's raining** βρέχει vrehi
raincoat αδιάβροχο (n) athiavroho

random: at random τυχαία *tihea*
rape (n) βιασμός (m) *viasmos*
rare σπάνιος *spanios*; (meat) σενιάν *senian*
rarely σπάνια *spania*
rather μάλλον *malon*
raw ωμός *omos*
razor ξυράφι (n) *xirafi*
razor blade ξυριστική λεπίδα (f) *xiristiki lepitha*
reach φτάνω *ftano*
read διαβάζω *thiavazo*
ready έτοιμος *etimos*
reasonable λογικός *loghikos*
receipt απόδειξη (f) *apothixi* **84, 107**
receive δέχομαι *thehome*
reception υποδοχή (f) *ipothohi*, ρεσεψιόν (f) *resepsion*; **at reception** στην υποδοχή *stin ipothohi* **40**
receptionist ρεσεψιονίστ *reseptionist*
recipe συνταγή (f) *sidaghi*
recognize αναγνωρίζω *anaghnorizo*
recommend συστήνω *sistino*, συνιστώ *sinisto* **38, 45**
red κόκκινος (n) *kokinos*
red light κόκκινο φως (n) *kokino fos*
red wine κόκκινο κρασί (n) *kokino krasi*
reduce μειώνω *miono*
reduction μείωση (f) *miosi*
refrigerator ψυγείο (n) *psighio*
refund (n) αποζημίωση (f) *apozimiosi*; **to get a refund** παίρνω τα λεφτά μου πίσω *perno ta lefta moo piso* **86**
refund (v) αποζημιώνω *apozimiono*
refuse αρνούμαι *arnoome*
registered post συστημένο γράμμα (n) *sistimeno ghrama*
registration number αριθμός αυτοκινήτου *ariTHmos aftokinitoo*
remember θυμάμαι *THimame*
remind υπενθυμίζω *ipenTHimizo*
remove απομακρύνω *apomakrino*
rent (noun) ενοίκιο (n) *enikio*
rent (v) ενοικιάζω *enikiazo* **41**
reopen ξανανοίγω *xananigho*

repair επισκευάζω *episkevazo* **31**; **to get something repaired** δίνω κάτι για επισκευή *thino kati ya episkevi*
repeat επαναλαμβάνω *epanalamvano* **9**
reserve κρατώ *krato* **45, 46**
reserved κρατημένος *kratimenos*
rest (n) **the rest** το υπόλοιπο *to ipolipo*
rest (v) ξεκουράζομαι *xekoorazome*
restaurant εστιατόριο (n) *estiatorio*
return επιστρέφω *epistrefo*
return ticket εισιτήριο επιστροφής (n) *isitirio epistrofis*
reverse-charge call τηλεφώνημα με χρέωση του καλούμενου *tilefonima me hreosi too kaloomenoo* **99**
reverse gear όπισθεν *opisTHen*
rheumatism ρευματισμοί (mpl) *revmatizmi*
rib πλευρό (n) *plevro*
right (n) δικαίωμα (n) *thikeoma*; **to have the right to...** έχω το δικαίωμα να ... *eho to thikeoma na...*; **to the right (of)** στα δεξιά (του) *sta thexia (too)*
right (adj) σωστός *sostos*
right (adv) **right away** αμέσως *amesos*; **right beside** ακριβώς δίπλα *akrivos thipla*
ring δαχτυλίδι (n) *thahtilithi*
ripe ώριμος *orimos*
rip σχίζω *shizo*
risk ρίσκο (n) *risko*
river ποτάμι (n) *potami*
road δρόμος (m) *thromos*
road sign πινακίδα (f) *pinakitha*
rock βράχος (m) *vrahos*
rollerblades πατίνια (n) *patinia*
room δωμάτιο (n) *thomatio* **37, 38**
rosé wine ροζέ κρασί (n) *roze krasi*
round στρογγυλός *strogilos*
roundabout κυκλικός κόμβος (m) *kiklikos komvos*
rubbish σκουπίδια (n) *skoopithia*; **to take the rubbish out** βγάζω έξω τα σκουπίδια *vghazo exo ta skoopithia*

rucksack σάκος (m) sakos

rug χαλί (n) hali

ruins ερείπια (npl) eripia; **in ruins** ερειπωμένος eripomenos

run out: to have run out of petrol μένω από βενζίνη meno apo venzini

S

sad λυπημένος lipimenos

safe ασφαλής asfalis

safety ασφάλεια (f) asfalia

safety belt ζώνη ασφαλείας (f) zoni asfalias

sail πλέω pleo

sailing ιστιοπλοΐα (f) istioploia; **to go sailing** πάω για ιστιοπλοΐα pao ya istioploia

sale: for sale προς πώληση pros polisi

sales εκπτώσεις (fpl) ekptosis

salt αλάτι (n) alati

salted αλατισμένος alatizmenos

salty αλμυρός almiros

same ίδιος ithios; **the same** το ίδιο to ithio

sand άμμος (f) amos

sandals σανδάλια (npl) santhalia

sanitary towels σερβιέτες (fpl) servietes

Saturday Σάββατο (n) savato

saucepan κατσαρόλα (f) katsarola

save σώζω sozo

say λέω leo; **how do you say... ?** πώς λέτε...; pos lete?

scared: to be scared of φοβάμαι κάτι fovame kati

scenery σκηνικό (n) skiniko

scissors ψαλίδι (n) psalithi

scoop: one/two scoop(s) (of ice cream) μία μπάλα/δύο μπάλες mia bala/thio bales

scooter βέσπα (f) vespa

scotch (whisky) ουίσκι (n) ooiski

Scotland Σκωτία (f) skotia

Scottish Σκωτσέζος (m) skotsezos,

Σκωτσέζα (f) skotseza

scuba diving κατάδυση (f) katathisi

sea θάλασσα (f) THalasa

seafood θαλασσινά (npl) THalasina

seasick: to be seasick με πιάνει ναυτία me piani naftia

seaside: at the seaside στην παραλία stin paralia

seaside resort παραθαλάσσιο θέρετρο (n) paraTHalasio THeretro

season εποχή (f) epohi

seat θέση (f) THesi **23**

sea view θέα τη θάλασσα (f) THea ti THalasa

seaweed φύκια (npl) fikia

second δεύτερος thefteros

second class οικονομική θέση (f) ikonomiki THesi

secondary school σχολείο μέσης εκπαίδευσης (n) sholio mesis ekpethefsis

second-hand μεταχειρισμένος metahirizmenos

secure ασφαλίζω asfalizo

security ασφάλεια (f) asfalia

see βλέπω vlepo; **see you later!** θα σε δω αργότερα THa se tho arghotera; **see you soon!** θα τα πούμε σύντομα! THa ta poome sidoma!; **see you tomorrow!** θα σε δω αύριο! THa se tho avrio!

seem φαίνομαι fenome; **it seems that...** φαίνεται ότι... fenete oti...

seldom σπάνια spania

sell πουλάω poolao **82**

Sellotape® σελοτέιπ (n) seloteip

send στέλνω stelno

sender αποστολέας (m) apostoleas

sense αίσθηση (f) esTHisi

sensitive ευαίσθητος evesTHitos

sentence πρόταση (f) protasi

separate χωρίζω horizo

separately χωριστά horista

September Σεπτέμβριος (n) septemvrios

serious σοβαρός sovaros

several μερικοί *meriki*

sex σεξ *sex*

shade σκιά (f) *skia*; **in the shade** στη σκιά *sti skia*

shame ντροπή (f) *dropi*

shampoo σαμπουάν (n) *sabooan*

shape σχήμα (n) *shima*

share μοιράζω *mirazo*

shave ξυρίζω *xirizo*

shaving cream κρέμα ξυρίσματος (f) *krema xirismatos*

shaving foam αφρός ξυρίσματος (m) *afros xirismatos*

she αυτή *afti*

sheet σεντόνι (n) *sedoni*

shellfish θαλασσινά (npl) *THalasina*

shirt πουκάμισο (n) *pookamiso*

shock σοκ (n) *sok*

shocking σόκιν *sokin*, απαίσιος *apesios*

shoes παπούτσια (npl) *papootsia*

shop κατάστημα (n) *katastima*, μαγαζί (n) *maghazi*

shop assistant υπάλληλος (m & f) *ipalilos*

shopkeeper καταστηματάρχης (m & f) *katastimatarhis*

shopping ψώνια (npl) *psonia*; **to do some/the shopping** κάνω ψώνια *kano psonia*

shopping centre εμπορικό κέντρο (n) *eboriko kedro*

short κοντός *kodos*, σύντομος *sidomos*; **I'm two... short** μου λείπουν δυο... *moo lipoon thio...*

short cut συντομότερος δρόμος (m) *sidomoteros thromos*

shorts κοντό παντελόνι (n) *kodo padeloni*, σορτς (n) *sorts*

short-sleeved κοντομάνικο *kodomaniko*

shoulder ώμος (m) *omos*

show (noun) παράσταση (f) *parastasi*, θέαμα (n) *THeama* **64**

show (v) δείχνω *thihno*

shower ντους (n) *doos*; **to take a shower** κάνω ντους *kano doos*

shower gel τζελ για ντους (n) *tzel ya doos*

shut κλείνω *klino*

shuttle λεωφορειάκι (n) *leoforiaki*

shy ντροπαλός *dropalos*

sick: to feel sick αισθάνομαι άρρωστος *esTHanome arostos*

side πλευρά (f) *plevra*

sign (noun) σύμβολο (n) *simvolo*, ταμπέλα (f) *tabela*

sign (v) υπογράφω *ipoghrafo*

signal συνιάλο (n) *sinialo*

silent σιωπή (f) *siopi*

silver ασήμι (n) *asimi*

silver-plated επαργυρωμένος *eparghiromenos*

since από *apo*

sing τραγουδώ *traghootho*

singer τραγουδιστής (m) *traghoothistis*, τραγουδίστρια (f) *traghoothistria*

single μόνος *monos*

single (ticket) απλό εισιτήριο (n) *aplo isitirio*

sister αδερφή (f) *atherfi*

sit down κάθομαι κάτω *kaTHome kato*

size μέγεθος (n) *megheTHos*

ski σκι (n) *ski*

skiing κάνω σκι *kano ski*; **to go skiing** πάω για σκι *pao ya ski*

skin δέρμα (n) *therma*

skirt φούστα (f) *foosta*

sky ουρανός (m) *ooranos*

skyscraper ουρανοξύστης (m) *ooranoxistis*

sleep (n) ύπνος (m) *ipnos*

sleep (v) κοιμάμαι *kimame*; **to sleep with** κοιμάμαι με κάποιον *kimame me kapion*

sleeping bag υπνόσακος (m) *ipnosakos*

sleeping pill υπνωτικό χάπι (n) *ipnotiko hapi*

sleepy: to be sleepy νυστάζω *nistazo*

sleeve μανίκι (n) *maniki*

slice φέτα (f) *feta*

sliced σε φέτες *se fetes*

slide διαφάνεια (f) *thiafania*

slow αργός *arghos*
slowly αργά *argha*
small μικρός *mikros*
smell (noun) μυρωδιά (f) *mirothia*
smell (v) μυρίζω *mirizo*; **to smell good/bad** μυρίζω καλά/άσχημα *mirizo kala/ashima*
smile (noun) χαμόγελο (n) *hamoyelo*
smile (v) χαμογελώ *hamoyelo*
smoke καπνίζω *kapnizo*
smoker καπνιστής *kapnistis*
snack κολατσιό (n) *kolatsio*, πρόχειρο φαγητό (n) *prohiro faghito*
snow (noun) χιόνι (n) *hioni*
snow (v) χιονίζω *hionizo*
so λοιπόν *lipon*; **so that** έτσι ώστε *etsi oste*
soap σαπούνι (n) *sapooni*
soccer ποδόσφαιρο (n) *pothosfero*
socks κάλτσες (fpl) *kaltses*
some μερικός *merikos*; **some people** μερικοί άνθρωποι *meriki anTHropi*
somebody, someone κάποιος *kapios*
something κάτι *kati*; **something else** κάτι άλλο *kati alo*
sometimes κάποιες φορές *kapies fores*
somewhere κάπου *kapoo*; **somewhere else** κάπου αλλού *kapoo aloo*
son γιός (m) *ghios*
song τραγούδι (n) *traghoothi*
soon σύντομα *sidoma*
sore: to have a sore throat έχω πονόλαιμο *eho ponolemo*; **to have a sore head** έχω πονοκέφαλο *eho ponokefalo*
sorry λυπημένος *lipimenos*; **sorry!** λυπάμαι! *lipame!*
south νότος (m) *notos*; **in the south** στο νότο *sto noto*; **(to the) south of** νότια από *notia apo*
souvenir αναμνηστικό (n) *anamnistiko*
Spain Ισπανία (f) *ispania*
spare περισσεύω *perisevo*
spare part ανταλλακτικό (n) *adalaktiko*

spare tyre, spare wheel ρεζέρβα αυτοκινήτου (f) *rezerva aftokinitoo*
spark plug μπουζί αυτοκινήτου (n) *boozi aftokinitoo*
speak μιλάω *milao* **8, 10, 100, 111**
special ιδιαίτερος *ithieteros*, ξεχωριστός *xehoristos*; **today's special** η σπεσιαλιτέ της ημέρας *i spesialite tis imeras* **47**
speciality ειδικότητα *ithikotita*
speed ταχύτητα (f) *tahitita*; **at full speed** ολοταχώς *olotahos*
spell συλλαβίζω *silavizo*; **how do you spell it?** πώς το συλλαβίζεις; *pos to silavizis?* **10**
spend ξοδεύω *xothevo*
spice μπαχαρικό (n) *bahariko*
spicy πικάντικος *pikadikos*
spider αράχνη (f) *arahni*
splinter αγκίδα (f) *agitha*
split up χωρίζω *horizo*
spoil χαλώ *halo*, κακομαθαίνω *kakomaTHeno*
sponge σφουγγάρι (n) *sfoogari*
spoon κουτάλι (n) *kootali*
sport σπορ (n) *spor*
sports ground αθλητικό γήπεδο (n) *aTHlitiko ghipetho*
sporty αθλητικός *aTHlitikos*
spot κηλίδα (f) *kilita*, σπυρί (n) *spiri*
sprain: to sprain one's ankle στραμπουλίζω τον αστράγαλο *straboolizo ton astraghalo*
spring άνοιξη (f) *anixi*
square τετράγωνο (n) *tetraghono*
stadium στάδιο (n) *stathio*
stain (noun) λεκές (m) *lekes*
stairs σκάλες (fpl) *skales*
stamp γραμματόσημο (n) *ghramatosimo* **95**
start αρχίζω *arhizo*
state κράτος (n) *kratos*
statement δήλωση (f) *thilosi*
station σταθμός (m) *staTHmos*
stay (noun) διαμονή (f) *thiamoni*
stay (v) μένω *meno*; **to stay in touch**

κρατάω επαφή *kratao epafi*

steal κλέβω *klevo* **111**

step (of a staircase) σκαλί (n) *skali*

still ακίνητος *akinitos*, γαλήνιος *ghalinios*

still water φυσικό νερό (n) *fisiko nero*

sting (noun) τσίμπημα (n) *tsibima*

sting (v) τσιμπώ *tsibo*; **to get stung by** με τσίμπησε *me tsibise* **105**

stock: out of stock χωρίς απόθεμα *horis apoTHema*

stomach στομάχι (n) *stomahi*

stone πέτρα (f) *petra*

stop (noun) στάση (f) *stasi* **29**

stop (v) σταματώ *stamato*

storey όροφος (m) *orofos*

storm καταιγίδα (f) *kateghitha*

straight ahead, straight on ίσια *isia*, ευθεία *efTHia*

strange περίεργος *perierghos*

street οδός (f) *othos*

strong δυνατός *thinatos*

student φοιτητής (m) *fititis*, φοιτήτρια (f) *fititria* **23**

studies σπουδές (fpl) *spoothes*

study σπουδάζω *spoothazo*

style στυλ (n) *stil*

subtitled μεταγλωτισμένος *metaghlotizmenos*

suburb προάστιο (n) *proastio*

suffer υποφέρω *ipofero*

suggest προτείνω *protino*

suit: does that suit you? αυτό σου ταιριάζει; *afto soo teriazi?*

suitcase βαλίτσα (f) *valitsa* **25**

summer καλοκαίρι (n) *kalokeri*

summit κορυφή (f) *korifi*

sun ήλιος (m) *ilios*; **in the sun** στον ήλιο *ston ilio*

sunbathe κάνω ηλιοθεραπεία *kano ilioTHerapia*

sunburnt: to get sunburnt καίγομαι *keghome*

sun cream αντηλιακή κρέμα (f) *adiliaki krema*

Sunday Κυριακή (f) *kiriaki*

sunglasses γυαλιά ηλίου (n) *yalia iliou*

sunhat καπέλο ηλίου (n) *kapelo iliou*

sunrise ανατολή (f) *anatoli*

sunset ηλιοβασίλεμα (n) *iliovasilema*

sunstroke ηλίαση (f) *iliasi*; **to get sunstroke** παθαίνω ηλίαση *paTHeno iliasi*

supermarket σούπερ-μάρκετ (n) *sooper market* **41, 82**

supplement συμπλήρωμα (n) *sibliroma*

sure σίγουρος *sighooros*

surf σερφ *serf*, σπάσιμο κυμάτων *spasimo kimaton*

surfboard σανίδα κυματοδρομίας *sanitha kimatothromias*

surfing κυματοδρομία (f) *kimatothromia*, σέρφινγκ (n) *serfing*; **to go surfing** πάω για κυματοδρομία *pao ya kimatothromia*

surgical spirit οινόπνευμα (n) *inopnevma*

surname επώνυμο (n) *eponimo*

surprise (noun) έκπληξη (f) *ekplixi*

surprise (v) εκπλήσω *ekpliso*, αιφνιδιάζω *efnithiazo*

sweat ιδρώτας (m) *ithrotas*

sweater πουλόβερ (n) *poolover*

sweet (noun) γλυκό (n) *ghliko*

sweet (adj) γλυκός *ghlikos*

swim (noun) **to go for a swim** πάω για κολύμπι *pao ya kolibi*

swim (v) κολυμπώ *kolibo*

swimming κολύμβηση (f) *kolimvisi*

swimming pool πισίνα (f) *pisina*

swimming trunks μαγιό (n) *maghio*

swimsuit ολόσωμο μαγιό (n) *olosomo maghio*

switch off κλείνω διακόπτη *klino thiakopti*

switch on ανοίγω διακόπτη *anigho thiakopti*

switchboard operator τηλεφωνητής *tilefonitis*

swollen πρησμένος *prizmenos*

synagogue συναγωγή (f) *sinaghoghi*

syrup σιρόπι (n) *siropi*

table τραπέζι *(n) trapezi* **45**, **46**
tablespoon κουτάλι σερβιρίσματος *(n) kootali servirizmatos*
tablet ταμπλέτα *(f) tableta*
take παίρνω *perno*; **it takes two hours** παίρνει δύο ώρες *perni thio ores*
take off *(plane)* απογειώνομαι *apoghionome*
takeaway φαγητό σε πακέτο *(n) faghito se paketo*
talk μιλάω *milao*
tall ψηλός *psilos*
tampon ταμπόν *(n) tabon*
tan μαύρισμα από τον ήλιο *mavrizma apo ton ilio*
tanned μαυρισμένος *mavrizmenos*
tap βρύση *(f) vrisi*
taste *(noun)* γεύση *(f) yefsi*
taste *(v)* γεύομαι *yevome*
tax φόρος *(m) foros*
tax-free αφορολόγητος *aforologhitos*
taxi ταξί *(n) taxi* **32**
taxi driver ταξιτζής *(m) taxitzis*
team ομάδα *(f) omatha*
teaspoon κουταλάκι του γλυκού *(n) kootalaki too ghlikoo*
teenager έφηβος *(m, f) efivos*
telephone *(noun)* τηλέφωνο *(n) tilefono*
telephone *(v)* τηλεφωνώ *tilefono*
television τηλεόραση *(f) tileorasi*
tell λέω *leo*
temperature θερμοκρασία *(f) THermokrasia*; **to take one's temperature** θερμομετρώ *THermometro*
temple ναός *(m) naos*
temporary προσωρινός *prosorinos*
tennis τέννις *(n) tenis*
tennis court γήπεδο του τέννις *(n) ghipetho too tenis*
tennis shoe παπούτσια του τέννις *(n) papootsia too tenis*

tent σκηνή *(f) skini*
tent peg πηχάκι σκηνής *(n) pihaki skinis*
terminal *(for buses)* τέρμα *(n) terma*
terrace ταράτσα *(f) taratsa*
terrible απαίσιος *apesios*
thank ευχαριστώ *efharisto*; **thank you** σ'ευχαριστώ *sefharisto*; **thank you very much** σ'ευχαριστώ πάρα πολύ *sefharisto para poli*
thanks χάρις *haris*; **thanks to** χάρις σε *haris se*
that εκείνο *ekino*; **that one** εκείνο εκεί *ekino eki*
the ο *(m) o*, η *(f) i*, το *(n) to*
theatre θέατρο *(n) THeatro*
theft κλοπή *(f) klopi*
their τους *toos*; **their house** το σπίτι τους *to spiti toos*; **their keys** τα κλειδιά τους *ta klithia toos*
theirs δικός τους *thikos toos*; **this dog is theirs** αυτός ο σκύλος είναι δικός τους *aftos o skilos ine thikos toos*; **these books are theirs** αυτά τα βιβλία είναι δικά τους *afta ta vivlia ine thika toos*
them αυτούς *aftoos*, τους *toos*; **instead of them** αντί γι'αυτούς *adi yaftoos*; **I see them** τους βλέπω *toos vlepo*; **listen to them** άκουσέ τους *akoose toos*
then τότε *tote*
there εκεί *eki*; **there is** υπάρχει *iparhi*; **there are** υπάρχουν *iparhoon*
therefore επομένως *epomenos*, συνεπώς *sinepos*
thermometer θερμόμετρο *(n) THermometro*
Thermos® flask θερμός *(m) THermos*
these αυτά *afta*; **these ones** αυτά εδώ *afta etho*
they αυτοί *afti*; **they say that...** λένε ότι... *lene oti...*
thief κλέφτης *(m) kleftis*
thigh μηρός *(m) miros*

thin λεπτός *leptos*

thing πράγμα (n) *praghma*

think σκέπτομαι *skeptome*, νομίζω *nomizo*

think about σκέπτομαι για *skeptome ya*

thirst δίψα (f) *thipsa*

thirsty: to be thirsty είμαι διψασμένος *ime thipsazmenos*, διψάω *thipsao*

this αυτός (m) *aftos*, αυτή (f) *afti*, αυτό (n) *afto*; **this one** αυτό εδώ *afto etho*; **this evening** σήμερα το βράδυ *simera to vrathi*; **this is** αυτός είναι *aftos ine*

those εκείνα *ekina*; **those ones** εκείνα εκεί *ekina eki*

throat λαιμός (m) *lemos*

throw ρίχνω *rihno*, πετώ *peto*

throw out πετώ έξω *peto exo*

Thursday Πέμπτη (f) *pempti*

ticket εισιτήριο (n) *isitirio* **23**, **64**

ticket office εκδοτήριο εισιτηρίων (n) *ekthotirio isitirion*

tidy συγυρισμένος *sighirizmenos*

tie γραβάτα (f) *ghravata*

tight σφιχτός *sfihtos*

tights καλτσόν (n) *kaltson*

time ώρα (f) *ora* **119**; **what time is it?** τι ώρα είναι; *ti ora ine?*; **from time to time** από καιρό σε καιρό *apo kero se kero*; **on time** στην ώρα *stin ora*; **three/four times** τρεις/τέσσερις φορές *tris/teseris fores*

time difference διαφορά ώρας (f) *thiafora oras*

timetable δρομολόγιο (n) *thromologhio* **23**

tinfoil ασημόχαρτο (n) *asimoharto*

tip φιλοδώρημα (n) *filothorima*

tired κουρασμένος *koorazmenos*

tobacco καπνός (m) *kapnos*

tobacconist's καπνοπώλης (m) *kapnopolis*

today σήμερα *simera*

together μαζί *mazi*

toilet τουαλέτα (f) *tooaleta* **8**, **45**

toilet bag νεσεσέρ (n) *neseser*

toilet paper χαρτί τουαλέτας (n) *harti tooaletas*

toiletries είδη τουαλέτας (npl) *ithi tooaletas*

toll διόδια (n) *thiothia*

tomorrow αύριο (n) *avrio*; **tomorrow evening** αύριο το βράδυ *avrio to vrathi*; **tomorrow morning** αύριο το πρωί *avrio to proi*

tongue γλώσσα (f) *ghlosa*

tonight απόψε *apopse*

too επίσης *episis*; **too bad** πολύ άσχημα *poli ashima*; **too many** πάρα πολλοί *para poli*; **too much** πάρα πολύ *para poli*

tooth δόντι (n) *thondi*

toothbrush οδοντόβουρτσα (f) *othodovoortsa*

toothpaste οδοντόκρεμα (f) *othodokrema*

top κορυφή (f) *korifi*; **at the top** στην κορυφή *stin korifi*

torch φακός (m) *fakos*

touch αγγίζω *agizo*

tourist τουρίστας (m) *tooristas*

tourist office τουριστικό γραφείο (n) *tooristiko ghrafio* **69**

towards προς *pros*

towel πετσέτα (f) *petseta*

town πόλη (f) *poli*

town centre κέντρο πόλης (n) *kedro polis*

town hall δημαρχείο (n) *thimarhio*

toy παιχνίδι (n) *pehnithi*

traditional παραδοσιακός *parathosiakos*

traffic κίνηση (f) *kinisi*

traffic jam μποτιλιάρισμα (n) *botiliarisma*

train τρένο (n) *treno* **28**; **the train to Athens** το τρένο για την Αθήνα *to treno ya tin aTHina*

train station σταθμός τρένου (m) *staTHmos trenoo*

tram τραμ *(n) tram*

transfer *(of money)* μεταφορά *(f) metafora*

translate μεταφράζω *metafrazo*

travel agency ταξιδιωτικό γραφείο *(n) taxithiotiko ghrafio*

travel ταξιδεύω *taxithevo*

traveller's cheque ταξιδιωτική επιταγή *(f) taxithiotiki epitaghi*

trip ταξίδι *(n) taxithi;* **have a good trip!** καλό ταξίδι! *kalo taxithi!*

trolley καροτσάκι *(n) karotsaki*

trousers παντελόνι *(n) padeloni*

true αληθινός *aliTHinos*

try προσπαθώ *prospaTHo;* **to try to do something** προσπαθώ να κάνω κάτι *prospaTHo na kano kati*

try on δοκιμάζω *thokimazo* **85**

Tuesday Τρίτη *(f) triti*

tube σωλήνας *(m) solinas*

tube station υπόγειος σταθμός *(m) ipoghios staTHmos*

turn *(noun)* **it's your turn** είναι η δική σου σειρά *ine i thiki soo sira*

turn *(v)* γυρίζω *ghirizo*

twice δύο φορές *thio fores*

type *(noun)* τύπος *(m) tipos*

type *(v)* δακτυλογραφώ *thaktiloghrafo*

typical τυπικός *tipikos*

tyre ελαστικό αυτοκινήτου *(n) elastiko aftokinitoo*

umbrella ομπρέλλα *(f) obrela*

uncomfortable άβολος *avolos*

under κάτω *kato*

underground υπόγειος *ipoghios* **28**

underground line υπόγεια γραμμή *(f) ipoghia ghrami*

underground station υπόγειος σταθμός *(m) ipoghios staTHmos*

underneath από κάτω *apo kato*

understand καταλαβαίνω *katalaveno* **10**

underwear εσώρουχο *(n) esorooho*

United Kingdom Ηνωμένο Βασίλειο *(n) inomeno vasilio*

United States Ηνωμένες Πολιτείες *(fpl) inomenes polities*

until μέχρι *mehri*

upset αναστατώνω *anastatono*

upstairs επάνω *epano*

urgent επείγον *epighon*

us εμάς *emas*

use χρησιμοποιώ *hrisimopio;* **to be used for** να χρησιμοποιείτε για *na hrisimopiite ya;* **I'm used to it** έχω συνηθίσει σ'αυτό *eho siniTHisi safto*

useful χρήσιμος *hrisimos*

useless άχρηστος *ahristos*

usually συνήθως *siniTHos*

U-turn επιτόπια στροφή *(f) epitopia strofi*

vaccinated (against) εμβολιασμένος (κατά) *emvoliazmenos (kata)*

valid (for) έγκυρος (για) *egiros (ya)*

valley πεδιάδα *(f) pethiatha*

VAT ΦΠΑ *fi pi a*

vegetarian χορτοφάγος *(m) hortofaghos*

very πολύ *poli*

view θέα *(f) THea*

villa βίλλα *(f) vila*

village χωριό *(n) horio*

visa βίζα *(f) viza*

visit *(noun)* επίσκεψη *(f) episkepsi*

visit *(v)* επισκέπτομαι *episkeptome*

volleyball βόλλεϋ *(n) volei*

vomit κάνω εμετό *kano emeto*

W

waist μέση *(f) mesi*

wait περιμένω *perimeno;* **to wait for somebody/something** περιμένω κάποιον/κάτι *perimeno kapion/kati*

waiter σερβιτόρος *(m) servitoros*

waitress σερβιτόρα *(f) servitora*

wake up ξυπνώ *xipno*

Wales Ουαλία (f) *ooalia*

walk: to go for a walk πάω ένα περίπατο *pao ena peripato*

walk (v) περπατώ *perpato*

walking: to go walking πάω περπατώντας *pao perpatodas*

walking boots παπούτσια πεζοπορίας (npl) *papootsia pezoporias*

Walkman® γουόκμαν (n) *ghoookman*

wallet πορτοφόλι (n) *portofoli*

want θέλω *THelo*; **to want to do something** θέλω κάτι να κάνω *THelo kati na kano*

warm ζεστός *zestos*

warn προειδοποιώ *proithopio*

wash (n) **to have a wash** φρεσκάρομαι *freskarome*, πλένομαι *plenome*

wash (v) πλένω *pleno*; **to wash one's hair** λούζω τα μαλλιά μου *loozo ta malia moo*

washbasin νιπτήρας (m) *niptiras*

washing: to do the washing κάνω το πλύσιμο *kano to plisimo*

washing machine πλυντήριο (n) *plindirio*

washing powder σκόνη πλυσίματος (f) *skoni plisimatos*

washing-up liquid υγρό πλυσίματος πιάτων (n) *ighro plisimatos piaton*

wasp σφήκα (f) *sfiga*

waste σπατάλη (f) *spatali*

watch (noun) ρολόι (n) *roloi*

watch (v) παρακολουθώ *parakolooTHo*; **watch out!** πρόσεξε! *prosexe!*

water νερό (n) *nero* **47, 48**

water heater θερμοσίφωνας (m) *THermosifonas*

waterproof αδιάβροχος *athiavrohos*

waterskiing θαλάσσιο σκι (n) *THalasio ski*

wave κύμα (n) *kima*

way δρόμος (m) *thromos*

way in είσοδος (f) *isothos*

way out έξοδος (f) *exothos*

we εμείς *emis*

weak αδύναμος *athinamos*

wear φορώ *foro*

weather καιρός (m) *keros*; **the weather's bad** ο καιρός είναι κακός *o keros ine kakos*

weather forecast μετεωρολογικό δελτίο (n) *meteorologhiko theltio* **21**

website διαδυκτιακός χώρος (m) *thiathiktiakos horos*

Wednesday Τετάρτη (f) *tetarti*

week εβδομάδα (f) *evthomatha*

weekend σαββατοκύριακο (n) *savatokiriako*

welcome ευπρόσδεκτος *efprosthektos*; **welcome!** καλώς ήρθες! *kalos irTHes!*; **you're welcome** είσαι ευπρόσδεκτος *ise efprosthektos*

well καλά *kala*; **I'm very well** είμαι πολύ καλά *ime poli kala*; **well done** (meat) καλοψημένο *kalopsimeno*

well-known γνωστός *ghnostos*

Welsh Ουαλλός *ooalos*

west δύση *thisi*; **in the west** στη δύση *sti thisi*; **(to the) west of** δυτικά από *thitika apo*

wet υγρός *ighros*, βρεγμένος *vreghmenos*

what τι *ti*; **what do you want?** τι θέλεις; *ti THelis?*

wheel τροχός (m) *trohos*

wheelchair αναπηρική καρέκλα (f) *anapiriki karekla*

when όταν *otan*; **when?** πότε; *pote?*

where που *poo*; **where is/are…?** πού είναι…; *poo ine…?*; **where are you from?** από πού είσαι; *apo poo ise?*; **where are you going?** πού πηγαίνεις; *poo piyenis?*

which ποιός (m) *pios*, ποιά (f) *pia*, ποιό (n) *pio*

while ενώ *eno*

white λευκός (n) *lefkos*, άσπρος (n) *aspros*

white wine λευκό κρασί (n) *lefko krasi*

who ποιός *pios*; **who's calling?** ποιός φωνάζει; *pios fonazi?*

whole ολόκληρος *olokliros*; **the whole cake** ολόκληρο το κέικ *olokliro to keik*

whose του οποίου *too opioo*; **whose is it?** ποιανού είναι; *pianoo ine?*

why γιατί *yati*

wide πλατύς *platis*

wife σύζυγος *(f) sizighos*

wild άγριος *aghrios*

wind άνεμος *(m) anemos*

window παράθυρο *(n) paraTHiro*; **in the window** στο παράθυρο *sto paraTHiro*

windscreen παρμπρίζ *(n) parbriz*

wine κρασί *(n) krasi* **47**

winter χειμώνας *(m) himonas*

with με *me*, μαζί *mazi*

withdraw αποσύρω *aposiro*

without χωρίς *horis*

woman γυναίκα *(f) ghineka*

wonderful θαυμάσιος *THavmasios*

wood ξύλο *(n) xilo*

wool μαλλί *(n) mali*

work *(n)* δουλειά *(f) thoolia*; **work of art** έργο τέχνης *(n) ergho tehnis*

work *(v)* δουλεύω *thoolevo*

works έργα *(n) ergha*

world κόσμος *(m) kozmos*

worse χειρότερος *hiroteros*; **to get worse** χειροτερεύω *hiroterevo*; **it's worse (than)** είναι χειρότερο (από) *ine hirotero (apo)*

worth: to be worth αξίζω *axizo*; **it's worth it** το αξίζει *to axizi*

wound πληγή *(f) plighi*

wrist καρπός *(m) karpos*

write γράφω *ghrafo* **10**, **83**

wrong λάθος *(n) laTHos*

XYZ

X-rays ακτίνες *(f) aktines*

year χρόνος *(m) hronos*

yellow κίτρινο *(n) kitrino*

yes ναι *ne*

yesterday χθες *hTHes*; **yesterday evening** χθες το βράδυ *hTHes to vrathi*

you *(informal)* εσύ *esi*; *(formal)* εσείς *esis*

young νέος *(m) neos*

your *(informal)* δικός σου *thikos soo*; *(formal)* δικός σας *thikos sas*

yours *(informal)* δικός σου *thikos soo*; *(formal)* δικός σας *thikos sas*

youth hostel ξενώνας για νέους *(m) xenonas ya neoos*, γιούθ χόστελ *(n) yooTH hostel*

zero μηδέν *(n) mithen*

zip φερμουάρ *(n) fermooar*

zoo ζωολογικός κήπος *(m) zoologhikos kipos*

zoom (lens) φακός ζούμ *(n) fakos zoom*

DICTIONARY

GREEK-ENGLISH

Aa

άβολος uncomfortable
αγαθά goods
αγαπημένος favourite
αγαπητός dear
αγαπώ *(v)* to love
αγγίζω to touch
Αγγλία England; English *(language)*
Αγγλικός English *(adj)*
Αγγλος, Αγγλίδα English *(person)*
αγκίδα splinter
αγορά market
αγοράζω to buy
άγριος wild
άδεια οδήγησης driving licence
άδειος empty
αδερφή sister
αδερφός brother
αδιάβροχο raincoat
αδιάβροχος waterproof
αδύναμος weak
αέρας air
αέριο gas
αεριούχος fizzy
αεροδρόμιο airport
αεροπλάνο aeroplane
αεροπορική εταιρεία airline
αεροπορικό ταχυδρομείο airmail
Αθήνα Athens
αθλητικό γήπεδο sports ground
αθλητικός sporty
Αιγαίο πέλαγος Aegean sea
αίμα blood
αιμορραγώ to bleed
αιμορροΐδες piles
αισθάνομαι to feel
αίσθηση sense

αιώνας century
ακίνητος still
ακούω to hear, to listen
ακριβός expensive
ακτή coast, seaside
ακτίνες X-rays
ακυρώνω to cancel
αλάτι salt
αλατισμένος salted
αληθινός true
αλκοόλ alcohol
αλλά but
αλλαγή exchange, change
αλλεργία allergy
αλλεργική καταρροή hay fever
αλλεργικός allergic
αλλιώς otherwise
αλλοδαπός foreigner
άλλοι other
άλλος another
αλμυρός salty
άλογο horse
αλοιφή ointment
αμερικάνικος American *(adj)*
Αμερικανός, Αμερικανίδα American *(noun)*
αμέσως right away
άμμος sand
άμπωτη low tide
αν if; **αν και** although
ανάβαση climbing
αναγνωρίζω to recognize
αναζητώ, ψάχνω to look for
αναισθητικό anaesthetic
ανάμεσα between
ανάμεσα, μεταξύ among
αναμνηστικό souvenir
αναπηρική καρέκλα wheelchair

ανάπηρος disabled
αναστατώνω to upset
ανατολή east; **στην ανατολή** in the east; **ανατολικά του** (to the) east of
ανατολή ηλίου sunrise
αναχώρηση departure; check-out (from hotel)
ανεμιστήρας fan
άνεμος wind
ανεξάρτητος independent
άνετος comfortable
ανέχομαι to put up with
άνθρωποι people
ανοίγω to open
ανοίγω διακόπτη to switch on
άνοιξη spring
ανοιχτά έως αργά late-night opening
ανοιχτήρι κονσέρβας can opener
ανοιχτήρι μπουκαλιών bottle opener
ανοιχτήρι, τιρμπουσόν corkscrew
ανοιχτός open (adj)
ανταλλακτικό spare part
αντηλιακή κρέμα sun cream
αντί instead of; **αντί για** instead of
αντιβιωτικά antibiotics
αντίθετος opposite
αντίο goodbye
αντισυλληπτικό contraceptive
άντρας man
αντρών gents' (toilet)
αξίζω to be worth; **το αξίζει** it's worth it
απαγορευμένος forbidden
απαίσιος disgusting, terrible
απάντηση answer (noun)
απαντώ to answer
απαραίτητος necessary
απασχολημένος busy; engaged
απέναντι across; opposite
απίθανος great
απλό εισιτήριο single (ticket)
από of; since; from; **από... μέχρι...** from... to...; **από κάτω** below, underneath
αποβάθρα quay
απογειώνομαι to take off (plane)

απόγευμα afternoon; early evening
απόδειξη receipt
αποδέχομαι to accept
αποζημιώνω to refund
αποζημίωση refund (noun)
απόθεμα: χωρίς απόθεμα out of stock
απολίθωμα fossil
απολυμαίνω to disinfect
απομακρύνω to remove
αποσκευή baggage, luggage
αποσμητικό deodorant
αποστολέας sender
αποσύρω to withdraw
απόψε tonight
Απρίλιος April
αράχνη spider
αργά late; slowly
αργία public holiday
αργός slow
αρέσω to like; **θα ήθελα...** I'd like...
αριθμός number
αριθμός αυτοκινήτου registration number
αριστερά left; **στα αριστερά (του)** to the left (of)
αρκετός enough; **είναι αρκετό** that's enough
αρνούμαι to refuse
αρραβωνιαστικιά fiancée
αρραβωνιαστικός fiancé
αρρώστια illness
άρρωστος ill
άρρωστος sick; **αισθάνομαι άρρωστος** to feel sick
αρχαιολογικός χώρος archaeological site
αρχαίος ancient; **αρχαία Ελλάδα** ancient Greece
αρχάριος beginner
αρχή beginning; **στην αρχή** at the beginning
αρχίζω to begin
άρωμα perfume
ασανσέρ lift
ασήμι silver

ασημόχαρτο tinfoil
ασθενής patient
ασθενοφόρο ambulance
άσθμα asthma
ασπιρίνη aspirin
αστράγαλος ankle
αστυνομία police
αστυνομικίνα police woman
αστυνομικό τμήμα police station
αστυνομικός policeman
ασφάλεια fuse; insurance; safety; security
ασφαλής safe
ασφαλίζω secure
ατέλεια flaw
άτομο person
ατύχημα accident
Αύγουστος August
αυξάνομαι to grow
αϋπνία insomnia
αύριο tomorrow; **αύριο το βράδυ** tomorrow evening; **αύριο το πρωί** tomorrow morning; **μεθαύριο** the day after tomorrow
αυτά these; **αυτά εδώ** these ones
αυτή her; she; this
αυτής her; hers
αυτί ear
αυτό it; this; **αυτό εδώ** this one
αυτοί they
αυτοκίνητο car; **με αυτοκίνητο** by car
αυτοκινητόδρομος motorway
αυτόματος τηλεφωνητής answering machine
αυτόν him
αυτός he; him; this
αυτούς them
αφήνω to leave
άφιξη arrival
αφίσα poster
αφορολόγητος tax-free
αφρός ξυρίσματος shaving foam
άχρηστος useless

Ββ

βαγόνι compartment *(in train)*
βάζω to put
βαθμός degree
βαθύς deep
βαλίτσα suitcase
βαμβάκι cotton
βαμβάκι φαρμακείου cotton wool
βαρύς heavy
βγάζω to put out
βγαίνω έξω to come out; to go out
Βέλγιο Belgium
βενζινάδικο petrol station
βενζίνη petrol
βεντάλια fan
βέσπα scooter
βήχας cough *(noun)*; **έχω βήχα** to have a cough
βήχω to cough
βιασμός rape *(noun)*
βιάσου to hurry (up)
βιαστικός: είμαι βιαστικός to be in a hurry
βιβλίο book *(noun)*
βιβλιοθήκη library
βιβλιοπωλείο bookshop
βίζα visa
βίλλα villa
βλάβη breakdown
βλέπω to see; **θα σε δω αργότερα!** see you later!; **θα τα πούμε σύντομα!** see you soon!; **θα σε δω αύριο!** see you tomorrow!
βοήθεια help; **βοήθεια!** help!; **φωνάζω βοήθεια** to call for help
βοηθώ to help
βόλλεϋ volleyball
βορράς north; **στο βορρά** in the north; **βόρια του** (to the) north of
βοτανικός κήπος botanical garden
βουνό mountain
βούρτσα brush
βουτώ to dive
βραβείο prize
βράδυ evening; **το βράδυ** in the evening

βραδυνό dinner
βράχος rock
βρεγμένος damp, wet
βρέχω to rain; **βρέχει** it's raining
βρίσκω to find
βρογχίτιδα bronchitis
βροντερός loud
βροχή rain
βρύση tap
βρώμικος dirty
βυζαντινός Byzantine

Γγ

γάζα gauze
Γαλλία France
γαστρεντερίτιδα gastric flu
γεγονός fact; **στην πραγματικότητα** in fact
γειά hello, hi; bye
γείτονας neighbour
γείτσες! bless you!
γέλιο laughter
γεμάτος full; **γεμάτος από** full of
γεμίζω to fill
γενέθλια birthday
γενειάδα beard
γενικά generally
Γερμανία Germany
γεύμα meal; lunch
γευματίζω to have lunch
γεύομαι to taste
γεύση flavour, taste
γέφυρα bridge
γη earth
γήπεδο του γκολφ golf course
γήπεδο του τέννις tennis court
για for; **για μία ώρα** for an hour
γιατί why
γιατρός doctor
γιορτή festival
γιός son
γιούθ χόστελ youth hostel
γκαλερί gallery
γκαράζ garage
γκαρνταρόμπα cloakroom

γκόλφ golf
γκρι grey
γλυκό sweet *(noun)*
γλυκός sweet *(adj)*
γλώσσα language; tongue
γνώμη: κατά τη γνώμη μου in my opinion
γνωρίζω to know
γνωστός well-known
γόνατο knee
γονείς parents
γουόκμαν Walkman®
γοφός hip
γραβάτα tie
γραμάρια grams
γράμμα letter
γραμματοκιβώτιο letterbox
γραμματόσημο stamp
γραμμή line
γρασίδι grass
γράφω to write
γρήγορα fast, quickly
γρήγορος quick
γρίπη flu
γυαλί glass
γυαλιά glasses
γυαλιά ηλίου sunglasses
γυμνός naked
γυναίκα woman
γυναικολόγος gynaecologist
γυναικών ladies' (toilet)
γυρίζω to turn
γύρω από around
γύψος plaster (cast)

Δδ

δαγκωνιά bite
δαγκώνω to bite
δακτυλογραφώ to type
δανείζομαι to borrow
δανείζω to lend
δάσος forest
δαχτυλίδι ring
δάχτυλο finger
δείπνο dinner

δειπνώ to have dinner
δείχνω to show
Δεκέμβριος December
δέμα parcel
δεξιά right
δέρμα skin
δεσποινίς Miss
Δευτέρα Monday
δεύτερος second
δέχομαι to accept; to receive
δηλώνω to declare
δήλωση statement
δημαρχείο town hall
διαβάζω to read
διαβατήριο passport
διαβήτης diabetes
διαδίκτυο Internet
διαδυκτιακός χώρος website
διαθέσιμος available
δίαιτα diet; **κάνω δίαιτα** to be on a diet
διακοπές holiday; **σε διακοπές** on holiday
διαμέρισμα flat (noun)
διαμονή stay (noun)
διανυκτερεύον φαρμακείο duty pharmacy
διαρκώ to last
διαρροή leak (noun)
διάρροια diarrhoea; **έχω διάρροια** to have diarrhoea
διασταυρώνομαι to cross
διασταύρωση crossroads
διασχίζω to cross
διατάζω to order
διαφάνεια slide (noun)
διαφημιστικό φυλλάδιο leaflet
διαφορά ώρας time difference
διαφορετικός (από) different (from)
διεθνής international
διεύθυνση address; management
διευθυντής manager
διευθύνω to manage
δικά τους theirs
δικαιολογία excuse (noun)
δικαιολογώ to excuse

δικαίωμα right (noun); **έχω το δικαίωμα να...** to have the right to...
δικηγόρος lawyer
δικός μας our; ours
δικός μου my; mine
δικός σου/σας your; yours
δίνω to give
διόδια toll
διορθώνω correct
δίπλα beside
διψασμένος thirsty; **είμαι διψασμένος, διψάω** to be thirsty
δοκιμάζω to try on
δοκιμαστήριο changing room, fitting room
δόντι tooth
δουλειά job, work
δουλεύω to work
δρομολόγιο timetable
δρομολόγιο λεωφορείου bus route
δρόμος road, way
δροσερός cool
δυνατός strong
δύο φορές twice
δύση west; **στη δύση** in the west; **δυτικά από** (to the) west of
δυσκοίλιος constipated
δυσκολεύω to trouble
δύσκολος difficult
δωμάτιο accommodation; room
δωμάτιο με πλήρη διατροφή full board
δώρο present

Εε

εβδομάδα week
εγγύηση guarantee
έγκυος pregnant
έγκυρος (για) valid (for)
εγχείρηση operation; **κάνω μία εγχείρηση** to have an operation
εγώ I; **είμαι Άγγλος/Αγγλίδα** I'm English
έδαφος ground; **πάνω στο έδαφος** on the ground

εδώ here; **εδώ είναι** here is/are
εθνική γιορτή national holiday
είδη τουαλέτας toiletries
ειδήσεις news
ειδικότητα speciality
είδος kind; **τι είδους…;** what kind of…?
είμαι to be
εισαγωγή admission
εισιτήριο fare; ticket
εισιτήριο επιστροφής return ticket
είσοδος entrance, way in; admission
εκατοστό centimetre
εκδοτήριο εισιτηρίων ticket office
εκεί there
εκείνα those; **εκείνα εκεί** those ones
εκείνο that; **εκείνο εκεί** that one
έκθεση exhibition
εκκλησία church
έκπληξη surprise
εκπλήσω to surprise
εκπτώσεις sales
έκπτωση concession; discount; **κάνω σε κάποιον έκπτωση** to give someone a discount
εκρήγνυμαι to burst
έκρηξη burst
εκτός except
ελαστικό αυτοκινήτου tyre
ελάχιστος least; **το ελάχιστο** the least; **τουλάχιστον** at least
ελέγχω to check
ελεύθερος free
Ελλάδα Greece
Έλληνας, Ελληνίδα Greek (noun)
ελληνικός Greek (adj)
εμάς us
εμβολιασμένος (κατά) vaccinated (against)
εμείς we
εμένα me; **και σ'εμένα επίσης** me too
εμπορικό κέντρο shopping centre
εμφανίζω to develop; **δίνω ένα φιλμ για εμφάνιση** to get a film developed

ένα one; a
ένας a
ένεση injection
ενημερωτικό φυλλάδιο brochure
ενοικιάζω to hire, to rent
ενοίκιο hire, rental
ενοχλώ to disturb; **μην ενοχλείτε** do not disturb
εντάξει OK
εντελώς quite; **αρκετό από** quite a lot of
έντιμος honest
έντομο insect
εντομοκτόνο insecticide
ενυδατικός moisturizer
ενώ as; while
εξαιρετικός exceptional
εξαντλημένος exhausted
εξαντλώ to exhaust
εξαρτάμαι to depend; **εξαρτάται (από)** that depends (on)
εξάτμιση exhaust pipe
έξοδος exit, way out
έξοδος κινδύνου emergency exit
εξοπλισμός equipment
εξοχή countryside
έξω outside
Επτάνησα Ionian Islands
επάγγελμα profession
επαναλαμβάνω to repeat
επάνω upstairs
επάνω στο over, on
επαργυρωμένος silver-plated
επαφή contact (noun)
επείγον emergency; urgent
επειγόντως urgently
επειδή because
επέτειος anniversary
επιβάτης passenger
επιβεβαιώνω to confirm
επιβιβάζομαι to board
επιβίβαση boarding
επίδεσμος bandage
επιδόρπιο dessert
επικίνδυνος dangerous
επιληπτικός epileptic

επίπεδος flat *(adj)*; **ξεφούσκωτο λάστιχο** flat tyre
επιπλέον extra
επίσης also, too
επισκέπτης visitor
επισκέπτομαι to visit
επισκευάζω to repair; **δίνω κάτι για επισκευή** to get something repaired
επίσκεψη visit
επιστρέφω to come back; to give back; to call back
επιταγή cheque
επιταγή σε ευρώ Eurocheque
επίτηδες on purpose
επιτίθομαι to attack
επιτόπια στροφή U-turn
επόμενος next
εποχή season
επώνυμο surname
έργα works
ερείπια ruins
ερειπωμένος in ruins
έρχομαι to come; **έρχομαι σε επαφή** to contact
ερώτηση question
εσείς you
εσπρέσο espresso
εστιατόριο restaurant
εσύ you
εσώρουχο underwear
έτοιμος ready
έτσι so; **έτσι ώστε** so that
ευαίσθητος sensitive
ευθεία straight ahead, straight on
εύθραυστος fragile
ευκαιρία opportunity
εύκολος easy
ευπρόσδεκτος welcome; **είσαι ευπρόσδεκτος** you're welcome
ευρώ euro
ευρωπαϊκός European
Ευρώπη Europe
ευτυχισμένος happy
ευχαριστημένος pleased; **χαίρομαι πολύ που σας γνωρίζω!** pleased to meet you!

ευχαρίστηση pleasure
ευχαριστίες thanks
ευχαριστώ: σ'ευχαριστώ thank you; **σ'ευχαριστώ πάρα πολύ** thank you very much
έφηβος teenager
εφημερεύον φαρμακείο duty chemist's
εφημερίδα newspaper
έχω to have

Ζζ

ζέστη heat
ζεστή σοκολάτα hot chocolate
ζεστός hot, warm; **ζεστό ρόφημα** hot drink
ζευγάρι pair; **ένα ζευγάρι πυτζάμες** a pair of pyjamas
ζω to live
ζωγραφική painting
ζωή life
ζώνη ασφαλείας safety belt
ζωντανός alive
ζώο animal
ζωολογικός κήπος zoo

Ηη

ή or
ήδη already
ηλεκτρικός electric
ηλεκτρισμός electricity
ηλεκτρονική διεύθυνση e-mail address
ηλεκτρονικό ταχυδρομείο e-mail
ηλίαση sunstroke; **παθαίνω ηλίαση** to get sunstroke
ηλικία age
ηλιοβασίλεμα sunset
ήλιος sun; **στον ήλιο** in the sun
ημέρα day
ημερομηνία date
ημερομηνία γεννήσεως date of birth
ημερομηνία λήξης expiry date

ημιδιατροφή half-board
Ηνωμένες Πολιτείες United States
Ηνωμένο Βασίλειο United Kingdom
ήσυχος quiet
ηχηρός loud

Θθ

θάλασσα sea
θαλασσινά shellfish, seafood
θαλάσσιο σκι waterskiing
θαυμάσιος wonderful
θέα view; **θέα τη θάλασσα** sea view
θέαμα show
θέατρο theatre
θεία aunt
θείος uncle
θέλω to want; **θέλω κάτι να κάνω** to want to do something
θέρμανση heating
θερμοκρασία temperature
θερμόμετρο thermometer
θερμομετρώ to take one's temperature
θερμός Thermos® flask
θερμοσίφωνας water heater
θέση seat
θέση παρκαρίσματος parking space
θόρυβος noise; **κάνω θόρυβο** to make a noise
θορυβώδης noisy
θυμάμαι to remember
θώρακας chest

Ιι

Ιανουάριος January
ιδέα idea; **δεν έχω ιδέα** no idea
ιδιαίτερος special
ίδιος same; **το ίδιο** the same
ιδιοκτήτης owner
ιδιωτικός private
ιδρώτας sweat
ίντερνετ καφέ Internet café
Ιόνιο πέλαγος Ionian sea
Ιούλιος July

Ιούνιος June
Ιρλανδία Ireland
ιρλανδικός Irish
ίσια straight ahead, straight on
ισόγειο ground floor
Ισπανία Spain
ιστιοπλοΐα sailing; **πάω για ιστιοπλοΐα** to go sailing
ίσως maybe, perhaps
Ιταλία Italy

Κκ

καβγάς fight
καγιάκ kayak
κάδος bin
καθαρίζω to clean
καθαρός clean
κάθε each, every; **κάθε μέρα** every day
καθεδρικός ναός cathedral
καθένας anybody; everybody; each one
καθιστικό living room
κάθομαι κάτω to sit down
καθρέφτης mirror
καθυστερημένος delayed
καθυστέρηση delay
καθώς as
και and; **και οι δύο** both; **και οι δυό μας** both of us
καίγομαι to burn oneself
καινούργιος new
Καινούργιος χρόνος New Year
καιρός weather; **ο καιρός είναι κακός** the weather's bad
καίω to burn
κακός bad; **δεν είναι κακός** it's not bad
καλά fine *(adj)*; **είμαι καλά** I'm fine
καλάθι αχρήστων dustbin
καλημέρα good morning
καληνύχτα goodnight
καλλιτέχνης artist
καλοκαίρι summer
καλοριφέρ radiator

καλός good; **καλό πρωί** good morning; **καλό απόγευμα** good afternoon; **καλό βράδυ** good evening
καλοψημένο well done
κάλτσες socks
καλτσόν tights
κάλυμα cover
καλύπτω to cover
καλύτερος better; **ο καλύτερος** the best
καλώ to call
καλώς ήρθες! welcome!
κάμερα (video) camera
καμινάδα chimney
κανάλι channel
κανάτα jug
κανείς nobody
κανένας none
κανονίζω to arrange; **κανονίζω μία συνάντηση** to arrange to meet
κάνω to do; to make
κάνω εμετό to vomit
κάνω ηλιοθεραπεία to sunbathe
κάνω κράτηση to book
κάνω ωτοστόπ to hitchhike
καπέλο hat
καπέλο ηλίου sunhat
καπνίζω to smoke
καπνιστής smoker
καπνοπώλης tobacconist's
καπνός tobacco
κάποιες φορές sometimes
κάποιος somebody, someone
κάπου somewhere
καράβι ship
καρδιά heart
καρδιακή προσβολή heart attack
καρέκλα chair
καροτσάκι trolley
καροτσάκι παιδικό pram
καρπός wrist
κάρτα card, postcard
κάστρο castle
κατά against
κατά τη διάρκεια during; **κατά τη**

διάρκεια της εβδομάδας during the week
κάταγμα fracture
κατάδυση diving; **κάνω καταδύσεις** to go diving
κατάδυση scuba diving
καταιγίδα storm
καταλαβαίνω to understand
κατάλυμα accommodation
κατασκηνώνω to go camping
κατασκήνωση camping
κατασκηνωτής camper
κατασκηνωτικός χώρος campsite
κατάστημα shop
καταστηματάρχης shopkeeper
καταστρέφω to destroy
καταστροφή disaster
καταφέρνω να κάνω κάτι to manage to do something
καταψύκτης freezer
κατεβαίνω to get off
κατεύθυνση direction
κατέχω to own
κάτι something
κατσαρίδα cockroach
κατσαρόλα saucepan
κάτω από under
κάτω όροφος downstairs
καυτός very hot
καφέ brown; café
καφετέρια café
καφές coffee
κάψιμο burn
κέντρο centre
κέντρο πόλης town centre
κερί candle
Κέρκυρα Corfu
κεφάλι head
κηλίδα spot
κήπος garden
κινηματογράφος cinema
κίνηση traffic
κινητό (τηλέφωνο) mobile (phone)
κιού τιπς cotton buds
κίτρινο yellow
κλαίω to cry

κλέβω to steal
κλειδί key
κλειδώνω lock
κλείνω to close, to shut
κλείνω διακόπτη to switch off
κλειστό closed
κλέφτης thief
κλήση call
κλίμα climate
κλιματισμός air conditioning
κλοπή theft
κόβομαι to cut oneself
κόβω to cut
κοιμάμαι to sleep; **κοιμάμαι με κάποιον** to sleep with
κοινό public
κοιτάζω to look at
κόκα κόλα Coke®
κόκκινο red
κόκκινο κρασί red wine
κόκκινο φως red light
κολατσιό snack
κολύμβηση swimming
κολυμπώ to swim
κομματάκι bit
κομμάτι item, piece; **ένα κομμάτι από** a piece of; **ένα κομμάτι φρούτου** a piece of fruit
κομμωτήριο hairdresser
κομπιούτερ computer
κονσέρτο concert
κοντά near; **κοντά στην παραλία** near the beach; **το κοντινότερο** the nearest
κοντό παντελόνι shorts
κοντομάνικο short-sleeved
κόρη daughter
κορίτσι girl
κορυφή summit
κορυφή top; **στην κορυφή** at the top
κόσμημα jewellery
κοσμηματοπωλείο jeweller's
κόσμος world
κοστίζω to cost
κουβαλώ to carry

κουβέρτα blanket
κουζίνα kitchen
κουνούπι mosquito
κουνουπιέρα mosquito net
κούπα cup
κουρασμένος tired
κουταλάκι του γλυκού teaspoon
κουτάλι spoon
κουτάλι σερβιρίσματος serving spoon, tablespoon
κουτάλι σούπας tablespoon
κουτί can; box
κουτί ταχυτήτων gearbox
κουφός deaf
κράνος helmet
κρασί wine
κρατάω to hold; to keep
κρατημένος reserved
κράτος state
κρατώ to reserve, to hold
κρεβάτι bed
κρέμα για μετά την ηλιοθεραπεία after-sun (cream)
κρέμα ξυρίσματος shaving cream
κρεμάστρα hanger
κρεοπωλείο butcher's
κρίμα pity; **είναι κρίμα** it's a pity
κρουαζιέρα cruise
κρύο cold *(noun)*; **είμαι κρυωμένος** to have a cold
κρύος cold *(adj)*
κτήριο building
κυάλια binoculars
Κυκλάδες Cyclades
κυκλικός κόμβος roundabout
κύμα wave
κυματοδρομία surfing; **πάω για κυματοδρομία** to go surfing
Κύπρος Cyprus
κυρία Mrs
Κυριακή Sunday
κύριος main; Mr
κυρίως πιάτο main course
κωδικός αριθμός dialling code
κωδικός εισόδου door code

Λλ

λάδι oil
λάθος mistake; wrong; **κάνω ένα λάθος** to make a mistake
λαιμός neck; throat
λάμπα lamp; lightbulb
λαπ-τοπ laptop
λεκές stain
λεωφορείο bus
λεπτό minute; **την τελευταία στιγμή** at the last minute
λεπτός thin
λευκός white
λευκό κρασί white wine
λέω say; **πώς λέτε…;** how do you say…?
λέω to tell
λεωφοριάκι shuttle
λεωφόρος avenue
λίγα little, few *(adv)*
λίγες few
λίγο bit
λίγοι few
λίγος little *(adj)*
λιγότερο less; **λιγότερο από** less than
λιμάνι port
λίμνη lake
λιποθυμώ to faint
λίρα pound
λίτρο litre
λογαριασμός bill
λογικός reasonable
λοιπόν so
λούζω τα μαλλιά μου to wash one's hair
λούνα πάρκ funfair
λόφος hill
λυπημένος sad; sorry

Μμ

μηχάνημα ανάληψης cashpoint
μαγείρεμα cooking; **κάνω το μαγείρεμα** to do the cooking
μαγειρεμένος cooked

μαγειρεύω to cook
μαγιό swimming trunks
μαζί together
μαθαίνω to learn
Μάιος May
μακριά far; **μακριά από** far from
μακρύς long
μαλλί wool
μαλλιά hair
μάλλον rather
μανάβικο grocer's
μανίκι sleeve
μαντείο oracle
μαντήλι handkerchief
μαξιλάρι pillow
μαξιλαροθήκη pillowcase
μαρίνα marina
Μάρτιος March
μας our
μάτι eye
μάτι κουζίνας hotplate
μαύρισμα από τον ήλιο suntan
μαυρισμένος tanned
μαύρος black
μαχαίρι knife
με with
Μεγάλη Βρετανία Great Britain
μεγάλος big
μεγαλώνω to grow
μέγεθος size
μεθυσμένος drunk
μειωμένο εισιτήριο discount fare
μειώνω to reduce
μείωση reduction
μέλισσα bee
μέλος member
μενού menu
μένω to stay; **κρατάω επαφή** to stay in touch
μένω από to run out of; **μένω από βενζίνη** to have run out of petrol
μερικοί several
μερικός some; **μερικοί άνθρωποι** some people
μέρος place; part; **είμαι ένα μέρος του** to be a part of

μέσα inside
μεσαίο middle
μεσάνυχτα midnight
μέση waist; middle; **στη μέση** in the middle
μεσημέρι noon
Μεσόγειος θάλασσα Mediterranean sea
μετά after
μεταγλωτισμένος subtitled
μεταδοτικός contagious
μεταλλικό νερό mineral water
μετάξι silk
μεταξύ among
μετασχηματιστής adaptor
μεταφέρω to move
μεταφορά transfer *(of money)*
μεταφράζω to translate
μεταχειρισμένος second-hand
μετεωρολογικό δελτίο weather forecast
μετράω to count
μετρητά cash; **πληρώνω με μετρητά** to pay cash
μετρητής ηλεκτρικού ρεύματος electricity meter
μέτρο metre
μέτωπο forehead
μέχρι until
μη καπνιστών non-smoker
μη πόσιμο νερό non-drinking water
μηδέν zero
μήνας month
μήνας του μέλιτος honeymoon
μήνυμα message
μηρός thigh
μητέρα mother
μηχανή engine; motorbike
μία a
μια φορά once; **μια φορά την ημέρα/την ώρα** once a day/an hour
μίας χρήσης disposable
μικρό όνομα first name
μικροκύμα microwave
μικρός small

μικτή ασφάλιση comprehensive insurance
μιλάω to speak, to talk
μισός half; **μισό λίτρο/μισό κιλό** half a litre/kilo; **μισή ώρα** half an hour
μισώ to hate
μνημείο monument
μοιάζω to look like
μοιράζω to share
μόλις just; **μόλις πριν** a little while ago; **μόνο ένα** just one
μολύβι pencil
μόλυνση infection
μοναστήρι monastery
μόνο only
μονοπάτι path
μόνος single; alone
μοντέρνος modern
μοτοποδήλατο moped
μου me
μουσαμάς εδάφους ground sheet
μουσείο museum
μουσική music
μπαίνω μέσα to come in; to go in
μπαλκόνι balcony
μπάλλα ball
μπάνιο bath; **κάνω μπάνιο** to have a bath
μπάνιο bathroom
μπαρ bar
μπαστούνι του σκι ski pole
μπαταρία battery
μπαχαρικό spice
μπιμπερό baby's bottle
μπλε blue
μπορεί: μπορεί να βρέξει it might rain
μπορώ to be able to; **δεν μπορώ** I can't
μπότα boot *(of car)*
μπότες του σκι ski boots
μποτιλιάρισμα traffic jam
μπουζί αυτοκινήτου spark plug
μπουκάλι bottle
μπροστά front; **μπροστά από** in front of
μπροστινός forward *(adj)*

μπύρα χύμα draught beer
μύγα fly
μυθιστόρημα novel
μυρίζω to smell; **μυρίζω καλά/
  άσχημα** to smell good/bad
μυρμήγκι ant
μυρωδιά smell
μυς muscle
μύτη nose
μωβ purple
μωρό baby

Νν

ναι yes
ναός temple
ναρκωτικά drugs
ναύλα fare
ναύτης sailor
ναυτία seasick; **με πιάνει ναυτία** to
  be seasick
νέα news
νεκροταφείο cemetery
νέος young
νερό water
νεσεσέρ toilet bag
νευρικός nervous
νεφρό kidney
νησί island
νιπτήρας washbasin
Νοέμβρης November
νοίκι rental
νόμισμα coin; currency
νοσοκόμα nurse
νοσοκομείο hospital
νότος south; **στο νότο** in the south;
  νότια από (to the) south of
ντελικατέσεν delicatessen
ντίσκο disco
ντους shower; **κάνω ντους** to take a
  shower
ντροπαλός shy
ντροπή shame
ντύνομαι to get dressed
νυσταγμένος sleepy; **είμαι
  νυσταγμένος** to be sleepy

νύχι nail
νύχτα night
νυχτερινό μαγαζί nightclub
νυχτικό nightdress
νωρίς early

Ξξ

ξανά again
ξανανοίγω to reopen
ξεκουράζομαι to rest
ξενάγηση guided tour
ξεναγός guide
ξενοδοχείο hotel
ξένος foreign; foreigner
ξενώνας για νέους youth hostel
ξέρω to know; **δεν ξέρω** I don't
  know
ξέσπασμα to burst
ξεφλουδίζω to peel
ξοδεύω to spend
ξύλο wood
ξυπνητήρι alarm clock
ξυπνώ to wake up
ξυράφι razor
ξυρίζω to shave
ξυριστική λεπίδα razor blade
ξυριστική μηχανή electric shaver

Οο

ο the
ο εαυτός μου myself
οδήγηση drive; **πάω βόλτα με το
  αυτοκίνητο** to go for a drive
οδηγός guide; guidebook
οδηγώ to drive
Οδική Βοήθεια breakdown service
οδοντίατρος dentist
οδοντόβουρτσα toothbrush
οδοντόκρεμα toothpaste
οδός street
οικογένεια family
οικονομική θέση economy class,
  second class
οινόπνευμα surgical spirit

Οκτώμβριος October

Ολλανδία Holland

όλοι everybody, everyone

ολόκληρος whole; **ολόκληρο το κέικ** the whole cake

όλος all; **όλη την ημέρα** all day; **όλη την εβδομάδα** all week; **παρ'όλα αυτά** all the same; **όλη την ώρα** all the time; **όλα συμπεριλαμβάνονται** all inclusive

ολόσωμο μαγιό swimsuit

ομάδα team

όμορφος beautiful

ομοφυλόφιλος homosexual, gay

ομπρέλλα umbrella

ομπρέλλα θαλάσσης beach umbrella

όμως but

όνομα name; **το όνομά μου είναι…** my name is…

όπισθεν reverse gear

οποιοσδήποτε anybody, anyone

οπτικός optician

οργανικός organic

οργανώνω to organize

ορειβατικό ποδήλατο mountain bike

ορόσημο landmark

όροφος storey

ορχήστρα orchestra

όσο πιο γρήγορα γίνεται as soon as possible

όταν when

οτιδήποτε anything

Ουαλία Wales

Ουαλλός Welsh

ουίσκι scotch *(whisky)*

ουρά queue

ουρανοξύστης skyscraper

ουρανός sky

ουρώ to pee

οφείλω to owe

όχι no; not; **όχι, ευχαριστώ** no, thank you; **όχι ακόμη** not yet

Ππ

παγάκι ice cube

πάγος ice

παγούρι flask

παγωτό ice cream

παθολόγος GP

παιδί child

παιδικό καρότσι pushchair

παίζω to play

παίρνω to get; to take

παιχνίδι game; sport

παιχνίδι για παιδιά toy

πακεταρισμένος packed

πακέτο packet

πακέτο διακοπών package holiday

παλάτι palace

πάλη fight

παλιά πόλη old town

παλίροια high tide

πάνα nappy

πανηγύρι fair

πανσιόν guest house

παντελόνι trousers

πάντοτε always

παντού everywhere

παντρεμένος married

πάνω on

πάνω από above

πάπια duck

παπούτσια shoes

παπούτσια πεζοπορίας walking boots

παπούτσια του τέννις tennis shoe

παραγγελία order *(of food)*

παραγγέλνω to order

παραδοσιακός traditional

παραθαλάσσιο θέρετρο seaside resort

παράθυρο window; **στο παράθυρο** in the window

παρακαλώ please

παρακολουθώ to watch

παραλία beach

παράπονο complaint

παραπονούμαι to complain

παράσταση show
παραχώρηση concession
παραψημένος overdone
παρέα company
παρεκκλήσι chapel
παρέλαση procession
παρκάρω to park
πάρκινγκ car park
πάρκο park
παρμπρίζ windscreen
παρουσιάζω to present
παρτίδα game
πάρτυ party
Πάσχα Easter
πατέρας father
πατίνια rollerblades
πατρικό όνομα maiden name
πάτωμα floor; **πάνω στο πάτωμα** on the floor
πεδιάδα valley
πεζόδρομος pedestrianized street
πεζοπορία hiking; **πάω για πεζοπορία** to go hiking
πεζός pedestrian
πεθαίνω to die
πεθαμένος dead
πείνα hunger
πεινασμένος hungry
πεινάω to be hungry
Πειραιάς Piraeus
Πέμπτη Thursday
πέρασμα pass
περασμένος past
περήφανος (για) proud (of)
περίεργος strange
περίμενε! hold on! (on the phone)
περιμένω to wait; **περιμένω κάποιον/κάτι** to wait for somebody/something
περιμένω στην ουρά to queue
περιοδικό magazine
περίοδοι periods
περιοχή area; **στην περιοχή** in the area
περίπατος walk; **πάω ένα περίπατο** to go for a walk
περίπου about

περίπτερο εφημερίδων newsstand
περίπτωση case; **σε περίπτωση που...** in case of...
περισσεύω spare
περισσότερο more; **περισσότερο από** more than; **πολύ περισσότερο** a lot more; **δεν υπάρχει άλλο...** there's no more...
περιτύλιγμα gift wrap
περνώ to pass
περπάτημα walking; **πάω περπατώντας** to go walking
περπατώ to walk
πετάω to fly; to throw
πέτρα stone
πετρέλαιο diesel
πετσέτα towel
πετσέτα μπάνιου bath towel
πετσέτα προσώπου facecloth
πετσέτα της κουζίνας dish towel
πετώ έξω to throw out
πέφτω to fall
πηγαίνω to go; **πάω στην Αθήνα/ στην Ελλάδα** to go to Athens/to Greece
πηγούνι chin
πηρούνι fork
πηχάκι σκηνής tent peg
πιάνω to catch
πιάτα dishes; **πλένω τα πιάτα** to do the dishes
πιάτο dish; plate
πίεση pressure; blood pressure
πιθανόν possible; probably
πικάντικος spicy
πικνίκ picnic; **κάνω πικνίκ** to have a picnic
πίνακας painting
πινακίδα road sign
πίνω to drink
πισίνα swimming pool
πιστεύω to believe
πιστωτική κάρτα credit card
πίσω από behind, at the back of
πίτα pie
πλάι beside

πλαστική τσάντα plastic bag
πλαστικός plastic
πλάτη back
πλατύς wide
πλατφόρμα platform
πλένω to wash
πλεόνασμα excess
πλευρά side
πλευρό rib
πλέω sail
πληγή wound
πληγωμένος injured
πληροφορία information
πληροφορίες καταλόγου directory enquiries
πληρώνω to pay
πλοίο boat
πλυντήριο washing machine
πλυντήριο πιάτων dishwasher
πλύσιμο washing; **κάνω το πλύσιμο** to do the washing
πνεύμονας lung
πνίγω, πνίγομαι to drown
ποδήλατο bicycle; **κάνω ποδήλατο** to ride a bike
πόδι foot; leg
ποδόσφαιρο soccer
ποιοί many; **ποιός φωνάζει;** who's calling?
ποιός, ποιά, ποιό which
ποιότητα quality; **καλή/κακή ποιότητα** of good/bad quality
πόλη town; city
πολλοί many; **πόσοι πολλοί...;** how many?; **πόσες φορές...;** how many times...?
πολύ a lot (of); very
πολυκατάστημα department store
πολυτέλεια luxury (noun)
πολυτελύς luxury (adj)
πονεμένος sore; **έχω πονόλαιμο** to have a sore throat; **έχω πονοκέφαλο** to have a sore head
πονοκέφαλος headache; **πονοκέφαλος μετά από μέθη** hangover

ποντίκι mouse
πόρτα door
πορτμπαγκάζ boot (of car)
Πορτογαλία Portugal
πορτοκάλι orange
πορτοφόλι purse; wallet
πορτρέτο portrait
πόσιμο νερό drinking water
πόσο: πόσο είναι; how much is it?; **πόσο κοστίζει;** how much does it cost?
ποσοστό percent
ποστ ρεστάντ poste restante
ποτάμι river
ποτέ never; when
ποτήρι glass; **ένα ποτήρι νερό/κρασί** a glass of water/of wine
ποτό drink; **πάω για ένα ποτό** to go for a drink; **πίνω ένα ποτό** to have a drink
που where; **πού είναι...;** where is/are...?; **από πού είσαι;** where are you from?; **πού πηγαίνεις;** where you going?
πουθενά nowhere
πουκάμισο shirt
πουλάω to sell
πούλμαν coach
πουλόβερ jumper, sweater
πούρο cigar
πράγμα thing
πρακτικός practical
πρακτορείο εφημερίδων newsagent
πράσινος green
πρέπει to have to; **πρέπει να είναι πέντε η ώρα** it must be 5 o'clock; **πρέπει να φύγω** I must go
πρεσβεία embassy
πρησμένος swollen
πρίζα plug
πριν before
προάστιο suburb
πρόβλημα problem
προβολέας headlight
πρόγευμα breakfast
πρόγνωση forecast

πρόγραμμα programme
προειδοποιώ to warn
προετοιμάζω to prepare
προηγούμενος previous
προϊόν product
προκαταβολή deposit
προξενείο consulate
προς towards
προσκαλώ to invite
προσπαθώ to try; **προσπαθώ να κάνω κάτι** to try to do something
προστατεύω to protect
πρόστιμο fine
προσφέρω to offer
προσφορά offer
προσωπικός αριθμός PIN (number)
πρόσωπο face
προσωπογραφία portrait
προσωρινός temporary
πρόταση sentence; proposal
προτείνω to propose, to suggest
προτιμώ to prefer
προφυλακτήρας bumper
προφυλακτικό condom
προχθές the day before yesterday
πρώην former
πρωί morning
πρωινό morning
πρώτη(ς) τάξη(ς) first class
πρώτος first; **πρώτα απ' όλα** first (of all)
πρώτος όροφος first floor
πτήση flight
πτυχίο degree *(from university)*
πύλη gate
πυξίδα compass
πυρετός fever; **έχω πυρετό** to have a fever
πυροσβεστική fire brigade
πυροτεχνήματα fireworks
πυρσός torch
πώληση sale; **προς πώληση** for sale
πώς how; **πώς είσαι;** how are you?

Ρρ

ραδιοφωνικός σταθμός radio station
ραδιόφωνο radio
ρακέτα racket
ραντεβού appointment; **κλείνω ένα ραντεβού** to make an appointment; **έχω ένα ραντεβού (με)** to have an appointment (with)
ρατσιστής racist
ρεζέρβα αυτοκινήτου spare wheel
ρεσεψιόν reception
ρεσεψιονίστ receptionist
ρέστα change
ρευματισμοί rheumatism
ρίσκο risk
ρίχνω to throw; to knock down
ροζ pink
ροζέ κρασί rosé wine
ρολόϊ watch
ρούχα clothes
ρωτάω to ask; **κάνω μια ερώτηση** to ask a question

Σσ(ς)

Σάββατο Saturday
σαββατοκύριακο weekend
σαγιονάρες flip-flops
σακάκι jacket
σακίδιο backpack, rucksack
σάκος backpack, rucksack
σαμπουάν shampoo
σαν like *(adv)*
σανδάλια sandals
σανίδα κυματοδρομίας surfboard
σαπούνι soap
σειρά order; queue; turn; **χαλασμένος** out of order; **είναι η δική σου σειρά** it's your turn
σελήνη moon
σελοτέιπ Sellotape®
σενιάν rare *(meat)*
σεντόνι sheet

σεξ sex
Σεπτέμβριος September
σερβιέτες sanitary towels
σερβιτόρα waitress
σερβιτόρος waiter
σερφ surf
σεσουάρ hairdrier
σηκώνομαι to get up
σημαδούρα buoy
σημαντικός important
σημείο point
σημειωματάριο notebook
σημειώνω to note
σημείωση note
σήμερα today
σίγουρος sure
σίδερο iron
σινεμά cinema
σινιάλο signal
σιντί CD
σιρόπι syrup
σιωπή silence
σιωπηλός silent
σκάλες stairs
σκαλί step
σκάω to burst
σκέπτομαι to think; **σκέπτομαι για** to think about
σκηνή tent
σκηνικό scenery
σκιά shadow, shade; **στη σκιά** in the shade
σκληρός hard
σκόνη powder
σκόνη πλυσίματος washing powder
σκοπεύω to intend to
σκοτεινός dark
σκοτοδύνη blackout
σκοτώνω to kill
σκουλαρίκια earrings
σκουπίδια rubbish; **βγάζω έξω τα σκουπίδια** to take the rubbish out
σκουπιδοντενεκές dustbin
σκωληκοειδίτιδα appendicitis
Σκωτία Scotland
Σκωτσέζος, Σκωτσέζα Scottish

σοβαρός serious
σοκ shock
σόκιν shocking
σορτς shorts
σούπερ-μάρκετ supermarket
σουτιέν bra
σπάζω to break; **σπάζω το πόδι μου** to break one's leg
σπάνια rarely, seldom
σπάνιος rare
σπάσιμο κυμάτων surf
σπασμένος broken
σπατάλη waste
σπιράλ coil *(contraceptive)*
σπίρτο match *(for fire)*
σπίτι house, home; **στο σπίτι** at home; **πάω σπίτι** to go home
σπορ sport
σπουδάζω to study
σπουδές studies
σπρώχνω to push
σπυρί spot
σταγόνες drops
στάδιο stadium
σταθμός station
σταθμός τρένου train station
σταμάτημα stop
σταματώ to stop
στάση stop
στάση λεωφορείου bus stop
σταυρός cross
στεγνοκαθαριστήριο dry cleaner's
στεγνός dry
στεγνώνω to dry
στέλνω to send
στη at
στην πρίζα to plug in
στην υγειά μας! cheers!
στιγμή moment; **αυτή τη στιγμή** at the moment
στιγμιαίος καφές instant coffee
στο at
στο εξωτερικό abroad
στόμα mouth
στομάχι stomach
στραμπουλίζω to sprain;

στραμπουλίζω τον αστράγαλο to sprain one's ankle
στρογγυλός round
στρώμα mattress
στυλ style
συγγνώμη sorry, pardon
συγυρισμένος tidy
συγχωρώ to forgive; **με συγχωρείτε** I'm sorry
σύζυγος (ο) husband
σύζυγος (η) wife
συκώτι liver
συλλαβίζω to spell; **πώς το συλλαβίζεις;** how do you spell it?
συλλογή collection
συμβαίνω to happen
σύμβολο sign
συμβουλεύω to advise
συμβουλή advice; **ζητάω τη συμβουλή κάποιου** to ask someone's advice
συμπεριλαμβανομένου included
συμπλέκτης clutch (in car)
συμπλήρωμα supplement
συμπληρώνω to fill in
συναγωγή synagogue
συναίσθημα feeling
συνάλλαγμα foreign currency
συνάντηση meeting
συναντώ to meet
συναυλία concert
συναυλιακός χώρος concert hall
συνδεδεμένος connected
σύνδεση connection
συνδοιάζω to combine
συνήθως usually
συνιστώ to advise; to recommend
συνταγή recipe; prescription
σύντομα soon
συντομότερος τρόπος short cut
συντριβάνι fountain
συστημένο γράμμα registered letter
συστήνω to recommend
συχνά often
σφήκα wasp
σφιχτός tight

σφουγγάρι sponge
σφράγισμα filling (in tooth)
σχέδιο plan
σχεδόν almost
σχήμα shape
σχίζω to rip; to save
σωλήνας tube
σώμα body
σωστά right (adv)
σωστός right (adj)

Ττ

ταινία movie
ταιριάζω to suit; **αυτό σου ταιριάζει;** does that suit you?
ταμείο checkout
ταμπλέτα tablet
ταμπόν tampon
ταξί taxi
ταξιδεύω to travel
ταξίδι journey, trip; **καλό ταξίδι** have a good trip!
ταξιδιωτική επιταγή traveller's cheque
ταξιδιωτικό γραφείο travel agency
ταξιτζής taxi driver
ταράτσα terrace
τασάκι ashtray
ταυτότητα identity card
ταχυδρομείο post office
ταχυδρομικός κώδικας postcode
ταχυδρόμος postman
ταχυδρομώ to post
ταχύτητα speed
τέλειος perfect
τελειώνω to finish
τελευταίος last
τελικά finally
τέλος end; **στο τέλος του** at the end of; **στο τέλος του δρόμου** at the end of the street
τελωνείο Customs
τέννις tennis
τέρμα λεωφορείου bus terminal
Τετάρτη Wednesday

τέταρτο quarter; **ένα τέταρτο της ώρας** a quarter of an hour; **δέκα παρά τέταρτο** a quarter to ten
τετράγωνο square
τετράδιο notebook
τέχνη art; **έργο τέχνης** work of art
τζαμί mosque
τζελ για ντους shower gel
τζετ-λαγκ jetlag
τζόγκινγκ jogging
τηγανητός fried
τηγάνι frying pan
τηγανίζω to fry
τηλεόραση television
τηλεφώνημα phone call; **τηλεφώνημα με χρέωση του καλούμενου** reverse-charge call
τηλεφωνητής switchboard operator
τηλεφωνική κάρτα phonecard
τηλεφωνικό νούμερο phone number
τηλεφωνικός θάλαμος phone box
τηλεφωνικός κατάλογος directory
τηλέφωνο phone
τηλεφωνώ to phone
την her
της her
τι what; **τι θέλεις;** what do you want?
τιμή price
τιμή συναλλάγματος exchange rate
τίνος whose
τίποτε anything; nothing
τιρμπουσόν corkscrew
τμήμα department
το the
τον him
τον εαυτό του himself
τοπική ώρα local time
τοπίο landscape
τότε then
του οποίου whose
τουαλέτα toilet
τουρίστας tourist
τουριστικό γραφείο tourist office
τους their
τραβάω to pull
τραγούδι song

τραγουδώ to sing
τραμ tram
τράπεζα bank
τραπέζι table
Τρίτη Tuesday
τρομάζω to get scared
τρόμπα ποδηλάτου bicycle pump
τροφή food
τροφική δηλητηρίαση food poisoning
τροχός wheel
τροχόσπιτο caravan
τρώω to eat
τρώω πρωινό to have breakfast
τσάντα bag
τσάντα χειρός handbag
τσεκ cheque
τσεκ-ιν check-in
τσιγάρο cigarette
τσιγαρόχαρτο cigarette paper
τσίμπημα sting
τσιμπώ to sting; **με τσίμπησε** to get stung
τσίρκο circus
τυπικός typical
τύπος to press; to type
τυφλός blind
τυχαία at random
τυχερός lucky; **είμαι τυχερός** to be lucky
τύχη luck
τώρα now

Υυ

υγεία health
υγρό πλυσίματος πιάτων washing-up liquid
υγρός damp, wet
υδραυλικός plumber
υλικό material
υπάλληλος shop assistant
υπάρχει there is
υπενθυμίζω to remind
υπνάκος nap; **παίρνω έναν υπνάκο** to have a nap

ύπνος sleep
υπνόσακος sleeping bag
υπνωτικό χάπι sleeping pill
υπόγεια γραμμή underground line
υπόγειος underground
υπόγειος σταθμός underground station
υπογράφω to sign
υποδοχή reception
υπολογιστής computer
υπόσχεση promise
υπουργός minister
υποφέρω to suffer
υψηλή πίεση high blood pressure
υψώνω to lift; to put up

Φφ

φαγητό σε πακέτο takeaway
φαίνομαι to seem; **φαίνεται ότι...** it seems that…
φάκελλος envelope
φακοί lenses
φακοί επαφής contact lenses
φακός torch
φακός ζούμ zoom (lens)
φανερός obvious
φαξ fax
φαρμακείο chemist's
φάρμακο medicine
φάρος lighthouse
φαστ φουντ fast-food restaurant
Φεβρουάριος February
φεγγάρι moon
φεριμπότ ferry
φερμουάρ zip
φέρνω to bring; to fetch; **πηγαίνω και φέρνω κάποιον/κάτι** to go and fetch someone/something
φέτα slice; **σε φέτες** sliced
φεύγω to leave; to arrive
φθινόπωρο autumn
φιάλη flask
φιάλη αερίου gas cylinder
φιλενάδα girlfriend
φιλμ film (for camera)

φιλοδώρημα tip
φιλοξενούμενος guest
φίλος, φίλη friend
φλας indicator, flash
φλυτζάνι cup
φοβισμένος scared
φοιτητής, φοιτήτρια student
φόρος tax
φορτηγό lorry
φορώ to wear
φούρνος baker's; oven
φουσκάλα blister
φούστα skirt
ΦΠΑ VAT
φρενάρω to brake
φρένο brake
φροντίζω to look after
φτάνω to reach
φτηνός cheap
φτιάχνω to make
φτωχός poor
φύκια seaweed
φύλαξη αποσκευών left-luggage (office)
φύση nature
φυσικό νερό still water
φυτό plant
φως light (noun); **έχετε φωτιά;** do you have a light?
φωτεινός light (adj)
φωτιά fire; **φωτιά!** fire!
φωτίζω to light up
φωτογραφία photo; **βγάζω μία φωτογραφία** to take a photo; **βγάζω κάποιον φωτογραφία** to take someone's photo
φωτογραφική μηχανή camera

Χχ

χάθηκα to be lost
χάι-φάι hi-fi
χαλασμένος out of order
χαλί rug
χαλώ to mess up; to damage; to break down

χαμηλά λιπαρά low-fat
χαμηλή πίεση low blood pressure
χαμηλός low
χαμόγελο smile
χαμογελώ to smile
χανζαπλάστ Elastoplast®
χανκόβερ hangover
χάνομαι to get lost
χάνω to lose
χάπι pill; **παίρνω αντισυλληπτικό χάπι** to be on the pill
χάρη favour; **κάνω σε κάποιον μία χάρη** to do someone a favour
χάρις σε thanks to
χάρτης map
χαρτί paper
χαρτί τουαλέτας toilet paper
χαρτομάντηλο paper tissue
χαρτονόμισμα banknote
χαρτοπετσέτα paper napkin
χασάπικο butcher's
χασίς hashish
χείλος lip
χειμώνας winter
χειραποσκευή hand luggage
χειρίζομαι to operate
χειροποίητος hand-made
χειρότερος worse; **είναι χειρότερο (από)** it's worse (than)
χειροτερεύω to get worse
χειρόφρενο handbrake
χέρι arm; hand
χθες yesterday; **χθες το βράδυ** yesterday evening
χιλιόμετρο kilometre
χιόνι snow
χιονίζω to snow
χλιαρός lukewarm
χοντρός fat
χορεύω to dance
χορός dance
χορτοφάγος vegetarian
χρειάζομαι to need
χρεώνω to charge
χρέωση charge
χρεωστική κάρτα debit card

χρήματα money
χρησιμοποιώ to use; **να χρησιμοποιείτε για** to be used for
χρήσιμος useful
χρονολογείται από to date from
χρόνος year
χρυσός gold; **από χρυσό** made of gold
χρώμα colour
χτένα comb
χτίζω to build
χτύπημα bump
χτυπώ to hurt, to knock down
χυμός juice
χώρα country
χωρίζω to separate, to split up
χωριό village
χωρίς without
χωρίς γλουτένη gluten-free
χωριστά separately

Ψψ

ψαλίδι scissors
ψαράδικο fishmonger's
ψάρι fish
ψηλός high
ψηλός tall
ψήνω to bake
ψησταριά barbecue
ψηφιακή κάμερα digital camera
ψιλά change
ψυγείο fridge
ψύχρα chill
ψωμί bread
ψώνια shopping; **κάνω ψώνια** to do some/the shopping

Ωω

ωκεανός ocean
ώμος shoulder
ωμός raw
ώρα hour; time; **μία η ώρα** one o'clock; **τρεις η ώρα** three o'clock;

μία ώρα και μισή an hour and a half;
τι ώρα είναι; what time is it?; **στην
ώρα** on time; **πολύ ώρα** a long time;
ώρα κλεισίματος closing time

ωραίος beautiful, nice
ώρες λειτουργίας opening times
ώριμος ripe
ωτοασπίδες earplugs

GRAMMAR

Modern Greek has three **genders**: all nouns are either masculine, feminine or neuter. In general, nouns denoting male people or animals are masculine while nouns denoting female people or animals are feminine. Neuter is reserved for objects (**το κρεβάτι** the bed), while feminine is usually the gender used for abstract notions (**η καλοσύνη** kindness).

As there are exceptions to the rules, the gender of the noun should be learned at the same time as the noun itself. Where nouns can refer to a male or female, they may accordingly be masculine or feminine, eg

Άγγλος Englishman	**Αγγλίδα** Englishwoman
Έλληνας Greek *(male)*	**Ελληνίδα** Greek *(female)*
φοιτητής student *(male)*	**φοιτήτρια** student *(female)*

Articles ("a/an" and "the") vary according to their cases, their gender and their number. The indefinite article ("a/an") occurs only in the singular. To express the indefinite plural (ie "some") we use either the noun in the plural without an article or the pronoun **μερικοί** some. The indefinite article is also the word for "one".

	masculine		feminine		neuter	
singular	definite	indefinite	definite	indefinite	definite	indefinite
nominative	ο	ένας	η	μία	το	ένα
genitive	του	ενός	της	μιάς	του	ενός
accusative	το(ν)	ένα(ν)	τη(ν)	μία	το	ένα

plural						
nominative	οι	οι	τα			
genitive	των	των	των			
accusative	τους	τις	τα			

In Greek, proper nouns are preceded by the appropriate definite article:

> Maria **η Μαρία** (literally "the Maria")
> Dimitris **ο Δημήτρης** (literally "the Dimitris")

Nouns, adjectives and pronouns all decline. This means that they have different endings according to the function they have in the sentence. There are four grammatical **cases** in Greek:

The **nominative**, which is used for the subject:
    ο Γιάννης κοιμάται Yannis sleeps/is sleeping

The **genitive**, which is used to show possession:
    το αυτοκίνητο του Γιάννη Yannis's car

The **accusative**, which is used for the object of a verb or preposition
(από, για, παρά, σε, με and so on):
    φωνάζω τον Γιάννη I am calling Yannis

The **vocative**, which is used to address someone:
    Γιάννη, έλα να φας! Yannis, come and eat!

Each **noun** must decline (ie take a certain ending) according to its gender
and its case. Articles and adjectives agree in gender, case and number with
the noun.

• masculine ο **κήπος** the garden; ο **αιώνας** the century; ο **χάρτης** the
map

singular

nominative	ο κήπ**ος**	ο αιώνας	ο χάρτης
genitive	του κήπ**ου**	του αιώνα	του χάρτη
accusative	τον κήπ**ο**	τον αιώνα	τον χάρτη

plural

nominative	οι κήπ**οι**	οι αιώνες	οι χάρτες
genitive	των κήπ**ων**	των αιώ**νων**	των χαρτ**ών**
accusative	τους κήπ**ους**	τους αιώνες	τους χάρτες

• feminine η **κόρη** the daughter; η **ώρα** the hour

singular

nominative	η κόρη	η ώρα
genitive	της κόρ**ης**	της ώρ**ας**
accusative	την κόρη	την ώρα

plural

nominative	οι κόρ**ες**	οι ώρ**ες**
genitive	των κορ**ών**	των ωρ**ών**
accusative	τις κόρ**ες**	τις ώρ**ες**

• neuter το μήλο the apple; το πόδι the foot; το δέμα the parcel

singular

nominative	το μήλο	το πόδι	το δέμα
genitive	του μήλου	του ποδιού	του δέματος
accusative	το μήλο	το πόδι	το δέμα

plural

nominative	τα μήλα	τα πόδια	τα δέματα
genitive	των μήλων	των ποδιών	των δεμάτων
accusative	τα μήλα	τα πόδια	τα δέματα

Adjectives agree in gender, case and number with the noun they modify. This, however, does not mean that the adjective always has the same endings as the noun:

• masculine ο καλός άνθρωπος the good man

	singular	plural
nominative	ο καλός άνθρωπος	οι καλοί άνθρωποι
genitive	του καλού ανθρώπου	των καλών ανθρώπων
accusative	τον καλό άνθρωπο	τους καλούς ανθρώπους

• feminine η καλή γυναίκα the good woman

	singular	plural
nominative	η καλή γυναίκα	οι καλές γυναίκες
genitive	της καλής γυναίκας	των καλών γυναικών
accusative	την καλή γυναίκα	τις καλές γυναίκες

• neuter το καλό παιδί the good child

	singular	plural
nominative	το καλό παιδί	τα καλά παιδιά
genitive	του καλού παιδιού	των καλών παιδιών
accusative	το καλό παιδί	τα καλά παιδιά

The **comparative** of adjectives is formed in one of two ways: by adding the suffix -τερος/-τερη/-τερο (μικρός small → μικρότερος smaller), or by putting πιό before the adjective (πιό καλός better, πιο μεγάλος bigger). The equivalent of "than" is από or παρά and it is always followed by a noun or pronoun in the accusative case.

Η Αθήνα έχει καλύτερο/πιο καλό καιρό από το Λονδίνο Athens has better weather than London

Irregular comparatives: **καλός** good → **καλύτερος** better; **κακός** bad → **χειρότερος** worse

The **superlative** is formed by putting the definite article in front of the comparative or simply by using the adverb **πολύ** very (**πολύ καλός** very good).

η Μαρία είναι πιό πλούσια/πλουσιότερη από την Σοφία Maria is richer than Sophia (comparative)
η Μαρία είναι η πιό πλούσια Maria is the richest (superlative)
η Μαρία είναι πολύ πλούσια Maria is very rich

Personal pronouns, like nouns, have different forms according to their use and position in the sentence. The nominative form is used to denote the subject and is often omitted since verb endings indicate the person of the subject as well. They are used when some special emphasis or contrast is involved: **εμείς**, η γυναίκα μου κι εγώ … my wife and I, we …

The informal second person singular (**εσύ**, **σε**, **σου**) is normally used with friends, relatives or younger people. The second person plural is used for strangers, older people and people in authority. If in doubt, always use the formal form (**εσείς**, **σας**).

	nominative	accusative	genitive
1st pers sg	**εγώ** I	**με** me	**μου** my
2nd pers sg	**εσύ** you	**σε** you	**σου** your
3rd pers sg *(m, f, n)*	**αυτός, αυτή, αυτό** he, she, it	**τον, την, το** him, her, it	**του, της, του** his, her, its
1st pers pl	**εμείς** we	**μας** us	**μας** our
2nd pers pl	**εσείς** you	**σας** you	**σας** your
3rd pers pl *(m, f, n)*	**αυτοί, αυτές, αυτά** they	**τους, τις, τα** them	**τους** their

Used in the genitive, the personal pronoun indicates **possession** and it follows the noun it modifies.

η μητέρα σου your mother (literally "the mother of yours")
το αυτοκίνητό του his car (literally "the car of his")

Possessive pronouns are expressed with (ο) δικός, (η) δική, (το) δικό followed by μου σου του etc: ο δικός μου mine.

It is used without the article to answer the question ποιανού είναι; (whose is it?):
    είναι δικό μου it's mine

It also expresses **emphatic possession**:
    ο δικός μου φίλος είναι εδώ my (own) friend is here
    η δική της κούκλα έχει καστανά μαλλιά her (own) doll has brown hair

Greek **demonstratives** may be used as adjectives or pronouns just as in English:
    αυτός this (one); εκείνος that (one)

When used as an adjective they precede the definite article:
    αυτός ο άνθρωπος this man; εκείνη η τσάντα that bag.

They may also be followed by the relative pronoun που (who, that):
    αυτός που τραγουδάει the one who sings

The **verb** agrees in gender and number with the subject and denotes tense, voice and mood.

As the subject pronoun ("I", "you", "he", "she" etc) is usually omitted, it is very important to use the proper verb ending in order to be understood:
    (εγώ) δίνω I give; (εμείς) δίνουμε we give

All verbs (with few exceptions) belong to one of two conjugations. Each conjugation has its own patterns of endings and once you know to which conjugation the verb belongs, the endings are more or less predictable. The conjugation of the verb is determined by the place of the stress in the first person singular of the present tense (active): the first conjugation includes verbs like δίνω (to give), ανοίγω (to open), πίνω (to drink), where the stress is not on the last syllable; the second has verbs like αγαπάω-αγαπώ (to love) or μπορώ (to be able to).

Note that in Greek there is no infinitive form; therefore the form used in dictionary entries is the first person singular of the present active: θέλω I want (instead of "to want").

There are two voices, the active voice (verbs ending in **-ω**) and the passive or reflexive (verbs ending in **-μαι**).

Present tense

	Active voice		Passive voice	
	δίνω to give/I give		δίνομαι to give oneself/to be given	
	αγαπάω-αγαπώ to love/I love		αγαπιέμαι to be loved	
I	δίν-**ω**	αγαπ-**ώ** or -**άω**	δίν-**ομαι**	αγαπ-**ιέμαι**
you	δίν-**εις**	αγαπ-**άς**	δίν-**εσαι**	αγαπ-**ιέσαι**
he/she/it	δίν-**ει**	αγαπ-**ά(ει)**	δίν-**εται**	αγαπ-**ιέται**
we	δίν-**ουμε**	αγαπ-**άμε**	διν-**όμαστε**	αγαπ-**ιόμαστε**
you	δίν-**ετε**	αγαπ-**άτε**	δίν-**εστε**	αγαπ-**ιέστε**
they	δίν-**ουν(ε)**	αγαπ-**άν(ε)**	δίν-**ονται**	αγαπ-**ιούνται**

Past tense

	Active voice	Passive voice
	I loved etc	I was loved etc
I	αγάπησ-**α**	αγαπ-**ήθηκα**
you	αγάπησ-**ες**	αγαπ-**ήθηκες**
he/she/it	αγάπησ-**ε**	αγαπ-**ήθηκε**
we	αγαπήσ-**αμε**	αγαπ-**ήθηκαμε**
you	αγαπήσ-**ατε**	αγαπ-**ήθηκατε**
they	αγάπησ-**αν**	αγαπ-**ήθηκαν**

Some irregular verbs in the past tense:

τρώω	I eat	έφαγα	I ate
πάω	I go	πήγα	I went
βγαίνω	I get out	βγήκα	I got out
πέφτω	I fall	έπεσα	I fell
πίνω	I drink	ήπια	I drank
λέω	I say	είπα	I said
έχω	I have	είχα	I had
είμαι	I am	ήμουν	I was
θέλω	I want	ήθελα	I wanted

The **future tense** is introduced by **θα**:

αύριο **θα** πάω για χορό I will go dancing tomorrow

The verbs είμαι (to be) and έχω (to have) can also be used as auxiliaries:

I am	είμαι	I have	έχω
you are	είσαι	you have	έχεις
he/she/it is	είναι	he/she/it has	έχει
we are	είμαστε	we have	έχουμε
you are	είσαστε/είστε	you have	έχετε
they are	είναι	they have	έχουν

To form the **negative** add δεν in front of the verb:

παίζω χαρτιά I play cards → δεν παίζω χαρτιά I don't play cards

When forming questions, note that the word order does not change; instead, a question is indicated either by the change in intonation or by the presence of a question mark. Note that in Greek the semi-colon (;) is used at the end of questions instead of the question mark (?).

παίζεις χαρτιά; do you play cards?

HOLIDAYS AND FESTIVALS

NATIONAL HOLIDAYS

1 January	**Πρωτοχρονιά** New Year's Day
6 January	**Θεοφάνεια** Epiphany
Ash Wednesday	**Καθαρά Δευτέρα** beginning of Lent, always celebrated on a Monday
25 March	**Του Ευαγγελισμού/25η Μαρτίου** Annunciation/National Public Holiday
Easter Monday	**Δευτέρα του Πάσχα**
1 May	**Πρωτομαγιά** Labour Day
Pentecost	**Πεντηκοστή/του Αγίου Πνεύματος**
15 August	**Δεκαπενταύγουστος** Assumption
28 October	**28η Οκτωβρίου** National Public Holiday
25 December	**Χριστούγεννα** Christmas Day
26 December	**Δεύτερη μέρα Χριστουγέννων** Boxing Day

The 25th and 26th December are holidays and all public services and banks are closed. Christmas is mostly a family celebration in whch eating together plays a big part, with special celebratory food and drink. New Year's Day is also a bank holiday and another good chance to eat with family and friends.

The Monday that marks the beginning of Lent is a day of celebration that traditionally starts the 40-day fast before Easter. It is usually celebrated in the countryside, where young and old alike enjoy flying kites and having picnics with special food to mark the first day of the fast.

A double celebration takes place on 25 March, another public holiday during which all shops, offices and banks are closed. The day is a celebration of the beginning of the revolution against the Turkish occupation that lasted for 400 years. On the 24th schoolchildren take part in a parade on the main streets of every town and village and on the 25th the army has its own parade. The same day also sees a religious celebration, marking the Annunciation of Mother Mary.

Easter is the biggest festival in Greece. The Greek Orthodox Church usually celebrates Easter one week after the Roman Catholic Church and the bank holiday begins at noon on Good Friday, when many Athenians leave the capital in order to join their families elsewhere for the celebrations. It is better to avoid travelling on Good Friday and Saturday as the motorways get extremely busy. If you want to see traditional festivities you should go to the countryside, where there is something special to see and taste every day from Good Monday to Easter Sunday. The culmination of the celebration is the traditional late dinner, enjoyed after midnight on the Saturday night, and the singing and dancing as the roast lamb for Easter Sunday lunch cools.

The biggest religious summer festival in Greece takes place on 15 August. All Greeks take their summer leave around this date, so if you are planning to visit Greece over this period, bear in mind that everywhere except Athens will be very busy. It can be a wonderful opportunity to visit the empty capital but it can be very hot.

The resistance of the Greek nation against the Italian and German armies in the Second World War is celebrated on 28 October. On the 27th schoolchildren parade through the streets and on the 28th the army has their own parade. Everything is closed on 28 October.

USEFUL ADDRESSES

In the UK

Embassy of Greece, London
1A Holland Park, London W11 3TP
Tel.: (020) 7229 3850
Fax: (020) 7229 7221
Website: http://www.greekembassy.org.uk

Greek National Tourism Organisation
4 Conduit Street, London W1S 2DJ
Tel.: (020) 7495 9300
Fax: (020) 7287 1369
Email: info@gnto.co.uk
Website: http://www.mintour.gr

In the US

Embassy of Greece, Washington DC
2221 Massachusetts Ave. N.W., Washington DC 20008
Tel.: 202 939 1300
Fax: 202 939 1324
Website: http://www.greekembassy.org

Greek National Tourist Organization Office, USA
Olympic Tower, 645 Fifth Avenue, 9th Floor, New York, NY 10022
Tel.: (212) 421 5777
Fax: (212) 826 6940
E-mail: info@greektourism.com
Website: http://www.greektourism.com

In Greece

British Embassy, Athens
1 Ploutarchou Street, 106 75 Athens
Tel.: (30) 210 727 2600
E-mail: consular.athens@fco.gov.uk (for consular affairs)

British Consulate, Thessaloniki
21 Aristotelous Street, 546 24 Thessaloniki
Tel.: (30) 231 027 8006
Fax: (30) 231 028 3868
E-mail: thessaloniki@british-consulate.gr

Embassy of the United States, Athens
91 Vasilissis Sophias Avenue, 10160 Athens
Tel.: (30) 210 721 2951
E-mail: AthensAmEmb@state.gov

American Consulate General, Thessaloniki
Tsimiski 43, 546 23 Thessaloniki
Tel.: (30) 231 024 2905
Fax: (30) 231 024 2927
E-mail: amcongen@compulink.gr

Hellenic Tourist Organization (EOT)
Tel.: (30) 210 870 7000
Fax: (30) 210 644 0264
Website: www.eot.gr

TELEPHONE INFORMATION
International Operator (within Greece call information in English, French
and German): **139**
Directory inquiries: **11888**
INFOTE (Yellow Pages): **11811**

GENERAL NUMBERS
Emergency: **112**
Police: **100**
Ambulance: **166**
Fire Brigade: **199**
Tourist police: **171**
Greek police (general info): **1033**
Citizens information centre (multilingual, 24/7): **1564**
Tourist information service ELPA: **10400**
Central Aliens Bureau: **210 340 5969**

HEALTH
Doctors SOS: **1016**
Emergency Hospitals: **1434**
Duty pharmacies: **1434**
Medical Advice: **197**

ROAD ASSISTANCE
ELPA: **10400**
Express Service: **1154**
InterAmerican: **1168**
Hellas Service: **1057**

CONVERSION TABLES

NB In decimals in Greek a comma is used where we use a decimal point in English. For example, 0.6 is written as 0,6 in Greek.

WEIGHTS AND MEASURES
Greeks use only the metric system. Below are the main British Imperial weights and measures with their metric equivalents.

Length and Distance

1 inch ≈ 2,5 cm	1 yard ≈ 90 cm
1 foot ≈ 30 cm	1 mile ≈ 1,6 km

1 cm (**εκατοστό** *ekatosto*)
1 m (**μέτρο** *metro*)
1 km (**χιλιόμετρο** *hiliometro*)

To convert miles into kilometres, divide by 5 and then multiply by 8.

miles	1	2	5	10	20	100
kilometres	1.6	3.2	8	16	32	160

To convert kilometres into miles, divide by 8 and then multiply by 5.

kilometres	1	2	5	10	20	100
miles	0,6	1,25	3,1	6,25	12,50	62,50

Weight
1 oz ≈ 28,35 g   1 lb ≈ 0,5 kg (454 g) 2 lb   *(Br)* 1 stone ≈ 6 kg

1 g (**γραμμάριο** *ghramario*)
1 kg (**κιλό** *kilo*)

To convert kilos into pounds, divide by 5 and then multiply by 11.
To convert pounds into kilos, multiply by 5 and then divide by 11.

kilos	1	2	10	20	60	80
pounds	2,2	4,4	22	44	132	176

Capacity
1 pint ≈ ½ lt; *(Br)* = 0,57 lt; *(Am)* = 0,47 lt
1 gallon = *(Br)* 4,54 lt; *(Am)* 3,78 lt

1 litre (**λίτρο** *litro*)

Temperature
To convert degrees Fahrenheit into degrees Celsius, subtract 32, multiply by 5 and then divide by 9.
To convert degrees Celsius into degrees Fahrenheit, divide by 5, multiply by 9 and then add 32.

Fahrenheit (°F)	32	40	50	59	68	86	100
Celsius (°C)	0	4	10	15	20	30	38

°C (**βαθμός Κελσίου** *vathmos kelsioo*)

Clothing sizes

The abbreviations **XS** (Extra Small), **S** (Small), **M** (Medium), **L** (Large) et **XL** (Extra Large) are also used in Greece.

• Women's clothes

Br	8	10	12	14	16	etc
Am	6	8	10	12	14	
Greece	36	38	40	42	44	

• Bras (cup sizes are the same)

Br/Am	32	34	36	38	40	etc
Greece	70	75	80	85	90	

• Men's collar sizes

Br/Am	14	15	16	17	etc
Greece	36	38	41	43	

• Men's clothing

Br/Am	30	32	34	36	38	40	etc
Greece	40	42	44	46	48	50	

Shoe sizes

• Women's shoes

Br	3	4	5	6	7	8	etc
Am	5.5	6.5	7.5	8.5	9.5	10.5	
Greece	36	37	38	39	40	41	

• Men's shoes

Br	7	7.5	8	9	10	11	etc
Am	7.5	8	9	10	11	12	
Greece	40	41	42	43	44	46